D.L. Moody

Das Geheimnis des Segens

Trachsel Verlag
Frutigen

ISBN 3 7271 0084 2

TELOS-Paperback Nr. 1246

Übersetzung aus dem Englischen: Anneliese Kriegelstein
Umschlag: E. Trachsel-Pauli, Frutigen

Satz: TVF Frutigen est
Druck: St.-Johannis-Druckerei, D-7630 Lahr-Dinglingen
Printed in Germany - 1984

Übersicht

Vorwort 7

MEIN WILLE ODER SEIN WILLE?
Abrahams viermaliger Verzicht 11

AUF GOTT WARTEN – AUF GOTT HÖREN
Die Berufung Moses 31

ANDERS, ALS SIE DACHTEN
Naeman, der Syrer 43

MUT UND STANDHAFTIGKEIT
Der Prophet Nehemia 63

GEWUSST – UND DOCH VERPASST
Herodes und Johannes der Täufer 81

ZWEI UNGLEICHE GETREUE
UND WAS SIE UNS ZU SAGEN HABEN
Der Blindgeborene und Joseph von Arimathia 99

GERETTET AM RANDE DER HÖLLE
Der bußfertige Räuber 119

Vorwort

Es ist ein großes Wagnis, hier ein Buch vorzulegen, dessen Gedanken von einem Mann stammen, der 1837 geboren worden ist – das sind bald 150 Jahre – und der auch im vorigen Jahrhundert, 1899, diese Erde wieder verlassen hat. Wer interessiert sich wohl noch für solche „alte Gedanken"?

Aber ich habe große Freude, Ihnen dieses Buch heute dennoch überreichen zu dürfen, denn ich habe festgestellt, daß die darin enthaltenen Gedanken gar nicht so alt sind, sondern daß sie zeitlosen Wert und damit auch in unseren Tagen eine große Aktualität haben. Sie sind vor allem deshalb so aktuell, weil sie sich auf das nie veraltende, ewige Wort Gottes abstützen. Ja ich bin sogar überzeugt, daß viele Leser aus diesem Buch einen reichen Segen schöpfen können.

Nun, von wem stammen diese Gedanken? – Von Dwight Lyman Moody! – Und wer war denn dieser in Northfield im amerikanischen Staat Massachusetts geborene Mann?

Dieser D.L. Moody, ein ehemaliger Schuhverkäufer, begann, nachdem er sich in jungen Jahren von ganzem Herzen zu Jesus Christus bekehrt hatte, schon bald damit, andere Menschen zu Jesus hinzuführen. Gott begnadete ihn mit der Fähigkeit, die Leute in schlichter Weise auf das Kreuz hinzuweisen, indem er ihnen Jesus in Seiner Einfachheit, Herrlichkeit und Vollkommenheit vor Augen malte. Dabei begann er ganz klein und bescheiden. Als er zum ersten Mal in einer Gebetsstunde öffentlich sprach, machte ihm ein Diakon nachher folgendes Kompliment: „Nach meiner Ansicht können Sie Gott am besten mit Schweigen dienen!" – Und doch führte es der Herr, daß Moody schließlich anläßlich einer England-

Reise zusammen mit dem Sänger Sankey in London vor annähernd 50'000 Menschen sprach!

D.L. Moody war es geschenkt, trotz seines äußerst umfangreichen Wirkens in der Demut eines echten Christen zu verbleiben. Er sagte von sich selbst: „Mein einziges Wunder ist, daß Gott ein solches Werkzeug, wie ich bin, brauchen kann!" – Als er 62 Jahre alt war, waren seine Kräfte aufgebraucht. Knapp 10 Tage vor der Jahrhundertwende durfte er nach einem reich erfüllten Leben vom Glauben zum Schauen gehen.

Sieben Themen behandelt D.L. Moody in diesem Buch. Aus der Fülle der darin entwickelten segensreichen Gedanken ziehe ich hier ein paar mir besonders wesentlich scheinende Linien:

1) Aus der Geschichte Abrahams lernen wir, daß es sich lohnt, unseren Willen vorbehaltlos Gott zu übergeben, indem wir künftig *Ihn* für uns planen und über unser Leben verfügen lassen. Daß es sich wirklich lohnt, war für Abraham selber eine Erfahrung, die er nur in einer sich über Jahre hinziehenden Schule machen konnte. Als er in dieser Schule auf den Höhepunkt geführt wurde, nämlich zum Verzicht auf den ihm von Gott verheißenen und wirklich auch geschenkten Sohn, da erfuhr er eine überaus kostbare Segnung: Er durfte einen Blick in weite Fernen tun, hin auf den verheißenen Herrn und Heiland, Jesus Christus!

2) Selbstsicher und gut ausgerüstet wollte Mose die notvolle Sache seines Volks in die Hand nehmen. Doch er erfuhr den Bankrott seines gutgemeinten Unternehmens. Er bedurfte einer 40jährigen Erziehung von dem Herrn, während deren er seine eigene Meinung verlor und sich schließlich in seinen Augen gering und unfähig vorkam. Doch in diese Zerbrochenheit kam die göttliche Berufung, der göttliche Auftrag und die göttliche Ausrüstung.

3) Als er seinen Aussatz entdeckte, war das für Naeman ein furchtbares Erlebnis. Und daß er von dieser verheerenden Krankheit frei werden wollte, sofern überhaupt eine Möglichkeit bestand, das war für ihn eine ausgemachte Sache. Dafür war er willens, nicht nur eine weite Reise zu unternehmen, sondern auch sonst alles mögliche zu tun. Doch er mußte erst seinen Stolz und seine eigene Vorstellung preisgeben und dann im *Gehorsam* jene äußerst einfachen Dinge tun, die der Prophet ihn geheißen hatte.

4) Nehemia lebte im gleichen Jahrhundert wie Plato, Sokrates und andere griechische Philosophen. Doch er unterscheidet sich grundlegend von diesen „berühmten" Männern. Er liebte Gott, Israel und Jerusalem. Die verfallenen und nicht wieder hergestellten Mauern Jerusalems bedeuteten für ihn eine große Schmach und Schande. Im Gebet demütigte er sich unter die Sünde seines Volks, indem er sich selber ganz darunterstellte. Da gab ihm Gott plötzlich die Möglichkeit, die Wiederherstellung der Mauer an die Hand zu nehmen. Doch sofort regten sich die Feinde. Äußere und innere Widersacher wollten den Mauerbau unbedingt verhindern und vereiteln. Nehemia aber, der Mann des Gebets, ließ sich weder von Drohungen noch durch Spott, noch von scheinbar gutgemeinten Ratschlägen von seinem hohen Werk abbringen. – Damit wird er uns zu einem äußerst köstlichen und wertvollen Vorbild.

5) Weder Flugblätter noch Plakate mit dem Bild des Predigers warben für die Vorträge Johannes des Täufers. Aber er hatte eine göttliche Botschaft, die er ohne jeden Abstrich und ohne jede diplomatische Vorsicht verkündigte. Und die Leute kamen. Sie bekannten ihre Sünden und ließen sich taufen. Auch Herodes hörte die Botschaft des Rufers in der Wüste. Doch es gab eine Sünde in seinem Leben, die er nicht aufgeben wollte. Und der Ungehorsam gegenüber der göttli-

chen Mahnung bedeutete schließlich sein zeitliches und ewiges Verhängnis und Verderben.

6) Es hatte einer, der von Geburt an blind war, ein gewaltiges Erlebnis: Erst erfuhr er nach einer einfachen Tat glaubenden Gehorsams äußere Heilung, und dann öffnete sich ihm auch sein inneres Auge – er fiel glaubend und anbetend zu den Füßen seines Heilands, Jesus Christus. Inzwischen trat er bereits als mutiger Bekenner hervor, klar und entschieden bezeugend: „Eines weiß ich wohl, daß ich blind war und bin nun sehend!" Und dann gab es da einen reichen Ratsherrn. Auch dieser glaubte an Jesus, aber vorerst nur im verborgenen. Doch dann, als alle andern den Herrn verlassen hatten, da trat auch er hervor, um mutig eine der ehrfurchtgebietendsten und vornehmsten Handlungen der ganzen Menschheitsgeschichte vorzunehmen. – Sowohl der namenlose blinde Bettler als auch der reiche Ratsherr Joseph von Arimathia wollen uns auch nach fast 2000 Jahren noch zu entscheidendem Zeugnis und Gott wohlgefälligem Handeln ermutigen.

7) Einer der beiden mit Christus gekreuzigten Verbrecher war noch am Kreuz ein Spötter. Doch dann brachte ihn das heilige und für Seine Feinde bittende Herz und Wesen des Sohnes Gottes zum inneren Zerbruch. Er durfte noch am gleichen Tag mit dem Erlöser, Jesus Christus, im Paradiese sein! – Die Bekehrung dieses Schächers zeigt eindrücklich, daß die Rettung des bußfertigen Sünders, unabhängig von irgendwelchen Werken und Handlungen, in kürzester Zeit zu einer auf ewig beglückenden Wirklichkeit werden kann.

Damit übergebe ich Ihnen dieses Buch von D.L. Moody mit dem innigen Gebet, daß der Herr dieses für viele zu reichem Segen und einem ewig bleibenden Gewinn gebrauchen möge.

Ernst Trachsel-Pauli

MEIN WILLE ODER SEIN WILLE?

Abrahams viermaliger Verzicht

Sehr viele Menschen fürchten sich vor dem Willen Gottes, und doch glaube ich, daß eine der kostbarsten Lektionen, die wir in der Schule Christi lernen können, die ist: *unseren Willen Gott zu übergeben, indem wir fortan Ihn für uns planen und über unser Leben verfügen lassen.*

Angenommen, es käme ein Engel vom Throne Gottes und stellte mich vor die Wahl, in meinem übrigen Erdenleben entweder meinen eigenen Willen zu tun und alles, was ich wünschte, gewährt zu bekommen, oder den Willen Gottes in mir und durch mich geschehen zu lassen – ich glaube, ich würde augenblicklich antworten:

„Laß den Willen Gottes geschehen!"

Ich kann nicht in die Zukunft sehen. Ich weiß nicht, was morgen sein wird. Ja, ich weiß nicht einmal, was noch vor Einbruch der Nacht geschehen mag. Also bin ich nicht imstande, so gut für mich selbst zu planen und zu entscheiden, wie Gott es für mich tun kann. Darum ist es *weit besser,* meinen Willen dem Willen Gottes auszuliefern.

Abraham hat das erkannt, und ich möchte daher unsere Aufmerksamkeit auf

vier Wegmarken

im Leben Abrahams lenken, an denen er zu einem Aufgeben, zum Verzicht gerufen worden ist. Ich glaube, daß diese uns als guter Schlüssel zu seinem Leben dienen.

Vaterhaus und Vaterland

Zuallererst wurde Abram aufgefordert, *seine Verwandtschaft und sein Vaterland zu verlassen* und in ein ihm nicht näher bezeichnetes Land auszuziehen.

Während die Menschen geschäftig am Aufbau Babylons arbeiteten, rief Gott diesen Mann aus der Nation der Chaldäer in Mesopotamien heraus. Er wohnte in Richtung der Euphratmündung, etwa zweihundert Kilometer südlich von Babylon, als er gerufen wurde, auszuziehen in ein Land, von dem er vielleicht nie zuvor etwas gehört hatte.

Im 12. Kapitel des 1. Buches Mose lesen wir in den ersten vier Versen: „*Und der Herr sprach zu Abram: Gehe aus deinem Vaterland und von deiner Verwandtschaft und aus deines Vaters Hause in das Land, das ich dir zeigen werde. Und ich will dich zu einem großen Volk machen und dich segnen, und ich will deinen Namen groß machen; und du sollst ein Segen sein! Und ich will segnen, die dich segnen, und wer dir flucht, den werde ich verfluchen; und in dir sollen gesegnet werden alle Geschlechter auf Erden! Da zog Abram aus, wie der Herr zu ihm gesagt hatte, und Lot zog mit ihm. Abram aber war fünfundsiebzig Jahre alt, als er aus Haran zog.*"

Es war einige Jahre vorher gewesen, daß Gott ihm erstmals gebot, Ur in Chaldäa zu verlassen, siehe Apostelgeschichte 7, 2-4. Damals war Abram jedoch nur bis Haran gekommen, das ungefähr auf halbem Wege zwischen dem Euphrat- und dem Jordantal liegt. Gott hatte die Absicht, ihn in das Land der Kanaaniter zu führen, doch Abram war nur

den halben Weg

gegangen und dann stehengeblieben. Wir wissen nicht genau, wie lange er sich in Haran aufhielt, doch vermutlich waren es fünf Jahre.

Nun, ich glaube, es gibt sehr viele Christen, die so etwas wie Haran-Christen sind. Sie gehen bis Haran, und dort bleiben sie. Sie gehorchen *nur zur Hälfte.* Sie sind also *nicht ganz* gehorsam.

Wie kam es, daß Gott dann Abram von Haran weiterbrachte? – Abrams Vater starb. Der ursprüngliche Ruf hatte darin bestanden, Ur in Chaldäa zu verlassen und in ein Land zu ziehen, das Gott ihm zeigen wollte. Anstatt jedoch den ganzen Weg zurückzulegen, hielt Abram auf halbem Wege an. Waren es wohl erst Leid und Trauer, die ihn nach geraumer Zeit weiterziehen ließen?

Sehr viele Menschen laden Kummer und Betrübnisse auf sich selbst, weil sie nicht ganz für den Herrn da sind. Sie gehorchen Ihm *nicht völlig.*

Gott hatte Pläne, die Er durch Abram ausführen wollte. Er konnte sie aber nicht durchführen, solange dieser in Haran blieb. Nun, es kam also bitteres Leid über Abram – und erst dann sehen wir ihn Haran verlassen und sich nach dem verheißenen Land aufmachen.

Über Lot ist an dieser Stelle nur eins geschrieben: „Und Lot zog mit Abram." Vielleicht liegt hier der Schlüssel zu Lots Leben. Er hatte offensichtlich nicht ein so gefestigtes Herz wie Abram; er schloß sich seinem Onkel lediglich an.

Doch als sie in das Land kamen, das Gott Abram zu geben versprochen hatte, da mußten sie feststellen, daß es bereits von großen und kriegerischen Volksstämmen bewohnt war, nicht von einem einzigen Volksstamm also, sondern von mehreren. Was sollte ein einzelner Mann in einem solchen Land ausrichten können? Abrams Glaube wurde jedoch nicht allein dadurch versucht, daß er das Land von starken und feindlichen Volksstämmen besetzt fand. Es kam auch noch hinzu, daß schon bald nach seinem Eintreffen eine Hungersnot ausbrach.

Zweifellos ging in seinem Innern ein großer Kampf vor, und er mochte sich wohl sagen: „Was hat das zu bedeuten?

Hier bin ich nun, dreizehnhundert Meilen von meinem Ursprungsland entfernt und umgeben von einem kriegerischen Volk. Doch nicht allein das, jetzt ist auch noch eine Hungersnot ausgebrochen. Was bleibt mir also anderes übrig, als aus diesem Lande fortzuziehen?"

Nun, ich glaube nicht, daß Gott Abram nach Ägypten hinabsandte. Ich denke vielmehr, daß Er ihn lediglich prüfen wollte, um ihn in seiner Unklarheit und in seiner Not

näher zu sich zu ziehen.

Ich glaube, daß so manches Mal deshalb Kummer und Sorge über uns kommen, damit wir das Angesicht Gottes suchen und allein auf Ihn vertrauen lernen.

Abram aber zog nach Ägypten hinab und geriet dort bald in Schwierigkeiten, weil er seine Frau verleugnete. So ist es nun einmal: Wenn wir uns nach „Ägypten" hineinbegeben, werden wir stets Unannehmlichkeiten auf uns bringen.

Die entscheidende Wahl

Abram wurde reich; indessen hören wir nichts von einem Altar. In der Tat, von einem Altar ist nichts erwähnt in Haran, auch nicht in Ägypten. Als Abram dann mit Lot aus Ägypten heraufzog, hatten sie große Besitztümer. Sie waren wohlhabend geworden. Ihre Herden hatten sich vervielfältigt. Doch eines Tages brach zwischen ihren Hirten Streit aus.

Dabei geschieht es dann abermals, daß Abrams Glaubenswerke hervorleuchten. Er hätte sich sagen können, daß er ein Recht auf das Beste von allem besaß, weil er der Ältere war und weil Lot wahrscheinlich von alledem nichts erworben hatte ohne Abrams Hilfe. Aber anstatt für *seine Rechte* einzutreten und das Beste des Landes für sich zu wählen, verzichtet Abram darauf und sagt zu seinem Neffen: „Wähle du. Willst du das Land zur Linken nehmen, dann nehme ich das zur Rechten; ziehst du aber das zur Rechten vor, so nehme ich das zur Linken."

Hier war es nun, wo Lot seinen folgenschwersten Fehler beging. Wenn es einen Mann unter der Sonne gab, der Abrams Rat, seine Gebete und seinen Einfluß brauchte, so war es Lot; denn er war einer jener schwachen Glaubenden, die

eine Stütze brauchen.

Doch sein lüsternes Auge blickte auf die reichbewässerten Ebenen des Jordantales, die sich bis Sodom hin erstreckten, und er entschied sich für diese. Lot wurde beeinflußt von dem, was er *sah.* Er wandelte durch Schauen statt durch Glauben.

Und ist das nicht auch der Irrtum, den viele Christen begehen? Sie wandeln – wie Lot – durch Schauen statt durch Glauben. Wenn Lot innegehalten und sich besonnen hätte, so würde er erkannt haben, daß es für ihn und seine Familie unheilbringend sein mußte, an einen Ort in der Nähe Sodoms zu ziehen. Abram und Lot mußten beide um die Verderbtheit dieser Städte in der Ebene gewußt haben. Und war die Gegend noch so fruchtbar und bot sie gute Gelegenheit zum Gelderwerb, für Lot wäre es besser gewesen, sich und seine Familie von jenen bösen Städten fernzuhalten. Aber sein Blick blieb an der fruchtbaren Ebene mit all ihren Annehmlichkeiten haften. Deshalb schlug er seine Zelte in Richtung Sodom auf und trennte sich von Abram.

Beachten wir: Nachdem Lot in die Ebene gezogen war, hatte Gott Abram *zum erstenmal allein!* Abrams Vater war in Haran gestorben. Auch seinen Bruder hatte er dort gelassen. Nun, nachdem ihn sein Neffe verlassen hatte, zog Abram hinab nach Hebron, und dort baute er einen Altar. „Hebron" bedeutet Gemeinschaft.

Hier war es, wo Gott zu ihm sprach: „*Hebe deine Augen auf und sieh von der Stätte aus, wo du wohnst, nach Norden, nach Süden, nach Osten und nach Westen! Denn all das Land, das du siehst, will ich dir und deinen Nachkommen geben für alle Zeit und will deine Nachkommen machen wie den Staub auf Erden. Kann ein Mensch den Staub auf Erden zählen, der wird auch deine Nachkommen zählen. Darum mache dich auf und durchzieh das Land in die Länge und Breite, denn dir will ich es geben. Und Abram zog weiter mit seinem Zelt und kam und wohnte im Hain Mamre, der bei Hebron ist, und baute dort dem Herrn einen Altar*" 1. Mose 13, 14-18.

Es ist verblüffend, wie weit man in jenem Land sehen kann. Gott nahm Mose hinauf auf den Berg Nebo und zeigte ihm das verheißene Land. – Vor einigen Jahren habe auch ich es erlebt, daß man vom Ölberg aus das Mittelmeer erblicken kann. Ich sah weit in das Jordantal hinein und das ganze Tote Meer. Aus den Ebenen von Sharon konnte ich zum Libanon-Gebirge aufblicken und ebenso zum Hermon, weit über Nazareth hinweg. Man kann also mit dem bloßen Auge gleichsam die Länge und die Breite dieses Landes sehen.

Als daher Gott zu Abram sagte, er solle nach Norden blikken und nach dem Süden mit seinen reichbewässerten Ebenen, die Lot begehrte, und nach Ost und West – vom Meer bis zum Euphrat –, da gab Gott Seinem Freund einen klaren Anspruch ohne irgendwelche Bedingungen, indem Er sagte: „Dir will ich es geben."

Lot wählte selbst, was er bekommen konnte, aber es war nicht sehr viel.

Abram ließ *Gott für sich wählen,* und ihm wurde das ganze Land gegeben.

Lot hatte keine Garantie für seine Wahl und verlor alles.

Abrams Recht dagegen wurde unbestritten aufrechterhalten durch Gott, den Geber.

Ist es uns bewußt, daß die Kinder Israel nie Glauben genug gehabt haben, jenes ganze Land bis an den Euphrat in Besitz zu nehmen? Wenn sie wirklich geglaubt hätten, dann würde, abgesehen von ihrem Abfall und götzendienerischen Wesen, Nebukadnezar wahrscheinlich niemals gekommen sein und sie gefangen weggeführt haben.

Gott hatte Sein Angebot gemacht: „*Deinen Nachkommen will ich das Land geben für alle Zeit, bis an den Euphrat*" (1. Mose 13, 15; 5. Mose 1, 7). Von jener Zeit an vermehrte Gott Abrams Zelte. Er erweiterte Seine Verheißungen und gab ihm *viel mehr,* als Er Abram im Tal des Euphrats versprochen hatte.

Laßt uns einen Augenblick zu Lot zurückkehren und sehen, was er durch seine Wahl erreicht hat. Ich glaube, daß man heute fünftausend Lots auf einen Abram finden kann. Sie wandeln durch Schauen, verleitet durch die Anpreisungen der Menschen und der Welt. Sie sind bemüht, ihre Söhne in einträgliche Stellungen zu bringen, obgleich es nachteilig für deren Charakter sein mag und es sie in sittlicher und religiöser Hinsicht zugrunde richten kann. Das Gleißen dieser Welt scheint sie anzuziehen. Es hat einmal jemand gesagt, daß Abram ein weitblickender Mann gewesen sei, Lot dagegen ein kurzsichtiger – sein Auge sei gerade nur auf das Land um ihn herum gefallen. Ja, er war wirklich kurzsichtig. Wir werden immer wieder feststellen, daß Menschen, die fortwährend nur für den jetzigen Zeitlauf schaffen, enttäuscht werden.

Ich zweifle aber nicht daran, daß die Leute von Sodom anderer Meinung gewesen sind. Sicherlich haben sie gedacht, Lot sei

ein viel gewandterer und lebensklügerer Mann

als sein Onkel Abram. Gewiß würde er in fünfundzwanzig Jahren der Wohlhabendere von beiden sein. – Hätte nicht Abram in Sodom seine Viehherden, und was er sonst noch alles hatte, für große Summen verkaufen und einen weit besseren Umsatz erzielen können als in der entlegenen Gegend von Mamre?

Tatsächlich verdiente Lot sein Geld eine Zeitlang wohl sehr leicht. Er war in vieler Hinsicht bestimmt sehr erfolgreich. Wäre jemand von uns einige Zeit vor der Zerstörung Sodoms in diese Stadt gekommen, er hätte wahrscheinlich festgestellt, daß Lot einige der besten Grundstücke der Stadt gehörten, daß Frau Lot sich in der sogenannten guten Gesellschaft bewegte und bei gewissen Veranstaltungen ein häufig gesehener Gast war. Die damals üblichen Gesellschaftsspiele waren ihr sicher nicht fremd, und ihre Töchter mochten vielleicht ebensogut getanzt haben wie jede andere Sodomiterin.

Wir sehen Lot im Tore sitzen unter den ersten Männern der Stadt – ja, er ist erstaunlich gut vorangekommen. Er mag sogar eine der politischen Hauptpersönlichkeiten der Stadt gewesen sein: Richter Lot oder so etwas ähnliches. Hätte es damals schon Kongresse gegeben, man würde ihn bestimmt wegen eines Sitzes im Kongreß angegangen haben. Wer weiß, ob man ihn nicht noch zum Bürgermeister von Sodom gewählt hätte. Lot war jedenfalls ein angesehener Mann mit einem ausgezeichneten Einkommen. Es ging ihm – wie man so sagt – blendend.

Nach und nach braute sich in der Gegend jedoch ein Krieg zusammen. Und wer sich nach Sodom begab, mußte auch das auf Sodom zukommende Gericht auf sich nehmen – und es kam zwangsläufig.

Der Kampf entbrannte gegen jene fünf Städte der Ebene. *Lot verlor alles, was er besessen hatte.* Nur ein Mann entkam. Der lief nach Hebron und berichtete Abram, was geschehen war. Da rief Abram seine Knechte zusammen – dreihundertachtzehn an der Zahl –, jagte den siegreichen Königen nach und kehrte bald mit allen Gefangenen und der ganzen Habe zurück.

Der angebotene Reichtum

Auf Abrams Rückweg mit der Siegesbeute trug sich eine der bemerkenswertesten Szenen der Geschichte zu. Kein anderer als Melchisedek war es, dem Abram begegnete. Der Priesterkönig brachte ihm Brot und Wein heraus und segnete den „Vater der Gläubigen". Danach traf Abram auf den König von Sodom, der ihm vorschlug: „Gib mir die Leute, die Güter behalte für dich!" 1. Mose 14, 21.

Abram jedoch entgegnete: „Ich will von allem, was dein ist, nicht einen Faden noch einen Schuhriemen nehmen, damit du nicht sagest, du habest Abram reich gemacht" 1. Mose 14, 23.

Hier haben wir also einen weiteren Verzicht. *Da war die Versuchung, durch die Hände des Königs von Sodom reich zu werden.* Doch Abram verzichtete. Er war gerade durch den König von Salem gesegnet worden, und die Dinge dieser Welt vermochten ihm diesen höheren Segen nicht zu rauben. Sicher reizten sie aber Lot, und ohne Zweifel dachte er, Abram mache einen großen Fehler, wenn er diesen Reichtum ausschlagen würde. Doch Abram rührte nichts davon an. Er wies es zurück und wandte sich davon ab. Er hatte die Welt sozusagen unter seinen Füßen. Er lebte für eine andere Welt. Und sich aus einer solchen Quelle zu bereichern, das kam für ihn überhaupt nicht in Frage.

Auch jeder von uns steht dem Fürsten dieser Welt und dem Fürsten des Friedens gegenüber. Der erstere lockt und versucht uns mit Reichtum, Genuß und Vergnügen. Doch unser Friedefürst und Hoherpriester (sofern wir Ihn als unseren Herrn und Erlöser wirklich angenommen haben) ist bereit, uns in der Stunde der Versuchung beizustehen und zu stärken.

Einer meiner Freunde hat mir vor einigen Jahren erzählt, daß seine Frau gern male, daß er aber lange Zeit hindurch an ihren Gemälden keinerlei Schönheit habe finden können. Sie erschienen ihm wie eine Farbenkleckserei. Eines Tages bereiteten ihm seine Augen Beschwerden, und er ging zu einem Augenarzt. Dieser sah ihn nach der Untersuchung erstaunt an und erklärte: „Sie sind auf dem einen Auge kurzsichtig und auf dem anderen weitsichtig! Dadurch erscheint Ihnen alles verschwommen."

Durch eine Brille konnte er bald einwandfrei sehen. Jetzt verstand er auch, warum seine Frau so sehr von der Malkunst eingenommen war; denn ihm selbst erschien nun alles viel schöner, seitdem seine Augen in Ordnung gebracht worden waren. – Leider gibt es eine Menge Leute, die

ein kurzsichtiges und ein weitsichtiges Auge

haben, und sie machen eine erbärmliche Sache aus ihrem Christenleben. Sie halten ein Auge auf die ewige Stadt und das andere auf die üppigen Ebenen Sodoms gerichtet. So war es auch bei Lot: Er hatte ein kurzsichtiges und ein weitsichtiges Auge. Es würde schwerfallen zu glauben, daß Lot errettet war, könnte man nicht im Neuen Testament lesen, daß die Leute von Sodom die gerechte Seele Lots von Tag zu Tag mit ihren ungerechten Werken quälten und daß Gott selber den gerechten Lot aus dieser Lage erlöste (2. Petrus 2, 7.8). Also hatte Lot eine gerechte Seele, doch ein ruheloses, aufgewühltes Leben; er hatte nicht Frieden, Freude und Sieg wie Abram.

Nachdem Abram den ihm angebotenen Reichtum Sodoms von sich gewiesen hatte, erweiterte Gott seine Grenzen und Seine Verheißung abermals. Gott sprach: „Ich will dein sehr großer Lohn sein; ich will dich beschirmen."

Abram mag gedacht haben, daß die Könige, die er besiegt hatte, andere Könige und deren Heere veranlassen könnten, gegen ihn zu ziehen. Was sollte er dann mit seinen nur dreihundertachtzehn Männern tun? Vielleicht hatte ihn Furcht befallen. – Gott sah ihn und sprach: „Fürchte dich nicht, Abram!"

Das ist das erste Mal, daß in der Bibel jene oft wiederholten Worte: „Fürchte dich nicht!" vorkommen.

„Fürchte dich nicht! Ich bin dein Schild und dein sehr großer Lohn" 1. Mose 15, 1.

Ich möchte als Schutz lieber diese Verheißung Gottes haben als alle Heere der Erde und alle Flotten der Welt: den Gott des Himmels als meinen Beschützer! Gott hat Abram erklärt, daß Er sein Freund und sein Schild sei, wenn er sich ganz in Seine Obhut begebe und Seiner Güte vertraue. Und genau das ist es, was auch wir nötig haben: uns *ganz und völlig* Gott auszuliefern und anzuvertrauen.

In Colorado erzählte mir der Leiter einiger Bergwerke von einem Arbeiter, der befördert werden sollte. Jener Arbeiter kam zu ihm und sagte: „Bei uns ist ein Mann, der hat sieben Kinder. Ich habe nur drei. Er hat einen harten Lebenskampf. Befördern Sie nicht mich, sondern ihn."

Es ist mir nichts bekannt, was lauter für Christus und für das Christentum spricht, als wenn man einem Menschen begegnet, der auf seine Rechte zugunsten anderer verzichtet und „den anderen höher achtet als sich selbst".

Wir sehen, wie Abram immer wieder auf seine Vorteile verzichtete und lieber auf Gott vertraute. Was war das Ergebnis davon? Über die Jahrzehnte hinweg ist er einer der bekanntesten Männer geblieben. Dabei hat er nichts getan, was die Welt groß zu nennen pflegt. Das größte Heer, das er je zusammengestellt hat, ist dreihundertachtzehn Mann stark gewesen. Wie würde Alexander der Große sich über ein solches Heer lustig gemacht haben! Wie hätte Cäsar darauf hinabgeblickt! Und gar Napoleon – er würde kaum die Lippen verzogen haben, wenn er an Abrams Heer gedacht hätte. Abram war aber auch weder ein großer Astronom noch sonstein Gelehrter, auch nicht ein bedeutender Staatsmann oder irgend etwas anderes, was die Welt groß nennt.

Doch ein anderes war da: Er konnte als an Gott glaubender und auf Gott vertrauender Mann selbstlos leben und in Ehren auf seine Rechte verzichten. Auf diese Weise wurde er der Freund Gottes, und als solcher ist er „unsterblich" geworden. Es gibt

kaum einen Namen in der Weltgeschichte,

der so bekannt ist wie der Name Abrams. Sogar die Mohammedaner, die Perser und die Ägypter werten Abram sehr hoch. Sein Name war durch Jahrhunderte hindurch in Damaskus wohlbekannt. Gott hatte ihm verheißen, daß große Männer, Könige und Herrscher aus seinem Geschlecht hervorgehen würden. Hat es je eine Nation gegeben, die solche Männer hervorgebracht hat? Denken wir an Mose und Joseph, an Josua und Kaleb, an Samuel und David, an Salomo und Elisa. Denken wir weiter an Elia, Daniel und Jesaja und all die anderen wunderbaren Persönlichkeiten der Bibel, die von diesem Manne abstammen! Ihnen folgen später Petrus, Jakobus, Johannes, Paulus – ein gewaltiges Heer. Kein Mensch kann die Zahl der vortrefflichen Männer nennen, die aus jenem einen Mann hervorgegangen sind, der aus dem Lande der Chaldäer herausgerufen wurde und zu jener Zeit wahrscheinlich noch ein Götzenanbeter war. Wie buchstäblich hat Gott Seine Verheißung erfüllt, daß durch ihn alle Völker der Erde gesegnet werden würden. Und das alles war möglich, weil er sich Gott *völlig und ganz* auslieferte.

Der verheißene Sohn

Der letzte Verzicht ist vielleicht der am tiefsten berührende und der von allen am schwersten zu verstehende. Vielleicht konnte er ihn nicht früher auf sich nehmen als am Abend des Lebens. Gott hatte ihn vorangeführt, Schritt für Schritt, bis er auf einer Stufe angelangt war, wo er noch besser gelernt hatte, völlig zu gehorchen, was immer Gott ihn tun hieß. Nächst dem Sohne Gottes selbst ist Abraham vielleicht der Mensch, der sich Gott glaubend und vertrauend am vollkommensten ausgeliefert hat.

Fünfundzwanzig Jahre

lebte Abraham nun schon in dem verheißenen Land, aber *ohne* den versprochenen Erben. – Gott hatte zugesagt, daß durch ihn alle Völker der Erde gesegnet werden würden, und doch war der versprochene Sohn ausgeblieben. Ist es ein Wunder, daß Abrahams Glaube dadurch einige Male ins Wanken geriet?

Ismael wurde geboren. Aber Gott setzte den Sohn der Magd beiseite, denn dieser sollte nicht der Vorläufer des Sohnes Gottes werden. Die Herausstellung Abrahams hatte ja den besonderen Sinn, den Weg für Gottes Sohn vorzubereiten. Da kam ein Bote vom Himmel herab und verkündigte Abraham, daß seine Frau in ihren alten Tagen einen Sohn gebären werde.

Es schien zu schön, um wahr zu sein. Abraham fiel es nicht leicht, dies zu glauben. Doch zur angegebenen Zeit wurde Isaak geboren. Ich denke, wohl kaum ein Kind ist mit so viel Freude erwartet und empfangen worden wie dieses. Wie müssen Abraham und Sara in ihren Sohn vernarrt gewesen sein! Wie haben sich ihre Augen an ihm geweidet!

Als der Knabe dann zum Mann heranwuchs, erhielt Abraham einen weiteren, sehr merkwürdigen Befehl, der einen neuen Verzicht bedeutete, und zwar den *auf seinen Sohn*. Ob er aus seinem Jungen eine Art Abgott gemacht hatte? Vielleicht dachte er mehr an ihn als an Gott, der ihm den Sohn gegeben hatte. Wir wissen es nicht. – In unseren Herzen darf kein Idol sein, wenn wir dem Willen Gottes gehorsam sein wollen.

Ich kann mir jenen Abend lebhaft vorstellen: Der alte Patriarch hatte sich müde zurückgezogen. Der Junge schlief bereits fest. Da erschien plötzlich ein himmlischer Bote und sagte Abraham, er solle seinen Sohn auf einen Berg bringen, den Gott ihm noch zeigen werde, und ihn dort opfern. Wie konnte da Abraham in dieser Nacht noch schlafen? Wenn wir an dem folgenden Morgen früh einen Blick in das Zelt hätten tun dürfen, so – glaube ich – hätten wir die Diener in Eile die Vorbereitungen treffen sehen für eine lange Reise, die ihr Herr unternehmen wollte. Vielleicht hielt er das Geheimnis in seinem Herzen verschlossen und teilte nicht einmal Sara etwas davon mit. Sicher erzählte er den Dienern nichts von dem, was geschehen sollte, nicht einmal seinem treuen Knecht Elieser.

Nach einer Weile hätten wir dann die vier Männer – Abraham, Isaak und zwei junge Knechte – zu ihrer langen Reise aufbrechen sehen können. Von Zeit zu Zeit mag Abraham den Kopf heimlich zur Seite gedreht haben, um sich die Tränen abzuwischen. Er wollte nicht, daß Isaak sah, welch furchtbarer Kampf in ihm vorging. Ja, es war ein schwerer Kampf, seinen Willen auszuliefern und den Jungen, die größte Freude seines Lebens, einfach herzugeben. – Oh, wie er ihn liebte!

Ich vergegenwärtige mir jene Nacht nach diesem ersten Reisetag. Der Junge war bald eingeschlafen, müde und erschöpft von der Hitze des Tages. Aber der Alte fand keinen Schlaf. – Ich sehe ihn, wie er immer wieder in das Gesicht des Kindes blickt, und höre ihn sagen: „Bald wird mein Junge nicht mehr sein, und ich werde ohne ihn zurückkehren müssen."

Wahrscheinlich konnte man den größten Teil der Nacht seine Stimme im Gebet hören. Er rief zu Gott, daß Er ihm beistehe.

Am andern Morgen zogen sie weiter – und wiederum begann ein furchtbarer Kampf. Abermals wischte er sich die Tränen fort.

Vielleicht sah es Isaak, und er sagte sich: „Vater ist auf dem Wege, Gott zu begegnen, und die Engel werden vielleicht herabkommen und mit ihm reden wie zu Hebron. Das ist es wahrscheinlich, was ihn so bewegt."

Es kam die zweite Nacht. Stunde um Stunde blickte der alte Mann in das Gesicht seines Sohnes. Er konnte nicht schlafen. Am nächsten Morgen brach er bei der gemeinsamen Andacht zusammen. Er konnte das Gebet nicht beenden.

Sie zogen weiter an jenem Tag, der der letzte sein sollte, an dem Abraham seinen Jungen bei sich haben konnte. Der alte Patriarch mag zu sich gesagt haben: „Morgen muß ich ihn opfern. Morgen werde ich ohne den Sohn meines Herzens sein."

Die dritte Nacht kam heran. Was für eine Nacht muß es gewesen sein! Ich kann mir vorstellen, daß er trotz seiner Übermüdung auch in jener Nacht nicht geschlafen hat. Sein Fasten wird er nur unterbrochen haben, um von Zeit zu Zeit in das Gesicht seines Jungen zu schauen. Vielleicht hat er sich dann über ihn gebeugt, ihn geküßt und dabei geflüstert: „O Isaak, wie kann ich dich hergeben!"

Der Morgen brach an. Was für einen Morgen muß es gewesen sein für diesen Vater! Er aß nicht; er versuchte zu beten, aber seine Stimme versagte.

(Bis hier sahen wir Abraham in schwerem innerem Kampf, und dennoch schritt er immer wieder in bedingungslosem *Gehorsam* Gott gegenüber voran. Und Gott belohnt die Treue Ihm gegenüber. Ob nicht vielleicht jetzt schon nach und nach eine von Gott geschenkte Ruhe in Abrahams Herz einziehen durfte? Aus der hienach seinen Knechten gegebenen Weisung und der bestimmten Zusage „*wir* wollen wieder zu euch kommen" läßt sich jedenfalls bereits ein siegreiches Vertrauen auf den allmächtigen Gott erkennen. Dennoch ist nur zu gut vorstellbar, wie Abraham immer noch zwischen der sich ausdrücklich mit einem ewigen Bund mit Isaak und dessen Samen befassenden Verheißung, siehe 1. Mose 17, 19, und des nun unmittelbaren Auftrages zur Opferung des Trägers dieser Verheißung hin und her geworfen war.)

Sie waren noch nicht weit gekommen, als Abraham seine Augen aufhob und den Berg Morija erblickte. Sein Herz begann erneut schneller zu schlagen. Jetzt sprach er zu seinen beiden Knechten: „Bleibet ihr hier. Ich und der Knabe wollen dorthin gehen; und wenn wir angebetet haben, wollen wir wieder zu euch kommen."

Als Vater und Sohn mit dem Holz und dem Feuer den Berg Morija erstiegen, wandte Isaak sich plötzlich an den Vater und fragte: „Vater, wo ist das Schaf? Wir haben ja gar kein Opferlamm bei uns, Vater."

Für Isaak war es doch bestimmt etwas Alltägliches, seinen Vater ein Opfer darbringen zu sehen. Aber diesmal war kein Lamm da! – Ist es uns je bewußt geworden,

wie prophetisch jene Antwort war,

die Abraham seinem Sohn auf dessen Frage gab? „Gott wird sich ersehen ein Schaf zum Brandopfer, mein Sohn."

Ich weiß nicht, ob Abraham in diesem Augenblick die volle Bedeutung dessen verstand, was er sagte. Aber einige hundert Jahre später bereitete Gott eben dort ein Opfer zu. Der Berg Morija und der Berg Golgatha sind nahe beieinander, wenn nicht sogar ein und derselbe. *Dort wurde Gottes Sohn bereitgestellt zum Opfer für die ganze Welt.*

Auf dem Berg Morija nun trugen Vater und Sohn Steine zusammen und bauten miteinander den Altar. Dann legten sie das Holz darauf. Alles war fertig für die Opferung. Isaak schaute sich um. Doch noch immer konnte er kein Lamm entdecken.

Ich könnte mir denken, wie nun der Vater sein Geheimnis

nicht mehr länger für sich zu behalten vermochte und daß er zu Isaak sprach: „Setz dich hier neben dem Altar nieder, mein Sohn. Ich muß dir etwas erklären."

Und dann legte der alte weißhaarige Patriarch seinen Arm um den Jungen und erzählte ihm die Geschichte seines ganzen Lebens, wie Gott fortwährend zu den verheißenen Segnungen weitere hinzufügte und daß Er alle Völker der Erde durch ihn segnen wolle. Isaak sollte der Erbe sein. Doch dann schloß er mit folgenden Worten: „Mein Sohn, in der letzten Nacht, die wir daheim verbracht haben, hat Gott zu mir gesprochen und gesagt, daß ich dich hierher führen und als ein Opfer darbringen solle. Ich verstehe nicht, warum Gott das verlangt und was es bedeutet. Aber eins kann ich dir versichern: Es ist viel schwerer für mich, dich zu opfern, als mich selbst zu opfern."

Es gab einmal eine Zeit in meinem Leben, da dachte ich mehr an die Liebe Christi als an die Liebe Gottes, des Vaters. Gott war für mich der strenge Richter, vor dessen Zorn mich Jesus Christus errettet hatte. Heute meine ich, daß meine Vorstellung von Gott sehr falsch gewesen ist. Seit ich selbst Vater bin, habe ich eine bedeutsame Erfahrung gemacht: Es kostet den Vater mehr Liebe und Selbstaufopferung, den Sohn aufzugeben, als es für den Sohn schwer ist, zu sterben. Wird ein irdischer Vater nicht viel lieber selbst leiden wollen, als sein Kind leiden sehen? Denkst du etwa, es habe Gott nicht viel bedeutet, die Erlösung durch Jesus Christus zu wirken? Es kostete Ihn das Wertvollste und Teuerste, was Er hatte. Indem Gott Seinen Sohn hingab, gab Er *alles.* Und doch gab Er Ihn freiwillig für dich und für mich.

Ich kann mir vorstellen, wie Abraham mit Isaak redete, wie er sagte, daß es ihm furchtbar sei, ihn opfern zu müssen. „Aber Gott hat es geboten, und ich ergebe mich dem Willen Gottes. Ich tue dieses, auch wenn ich das alles nicht verstehen kann." Bei sich selbst dachte Abraham, daß Gott seinen Sohn Isaak wohl auch noch von den Toten auferwecken könnte.

Nach diesen Worten fielen vermutlich beide auf ihr Angesicht nieder und beteten. Danach wird der alte Vater seinen Jungen an sein Herz gedrückt und ihn geküßt haben. Und dann nahm er dessen Hände und Füße, band sie und legte Isaak auf den Altar. Noch einmal küßte er ihn, und dann ergriff er das Messer und erhob seine Hand. Doch da – keine Stunde und keine Minute vorher – rief eine Stimme vom Himmel herab: „Lege deine Hand nicht an den Knaben und tu ihm nichts" 1. Mose 22, 12.

Wir erinnern uns, daß Christus gesagt hat: „Abraham sah meinen Tag und freute sich" Johannes 8, 56. Ich könnte mir denken, daß Gott in diesem für Abraham entscheidenden Augenblick

den Schleier der Zeit ein wenig gelüftet hat.

Abraham durfte in die Zukunft schauen. Er sah Gottes Sohn nach Golgatha gehen, seine (Abrahams) und die Sünden der ganzen Welt tragend. Gott tat ihm kund, daß Sein Sohn in die Welt kommen werde, um die Sünden der Menschen auf sich zu nehmen.

Ich habe folgende Erfahrung in meinem Leben gemacht: Immer, wenn Gott mich zu einem besonderen Dienst rief, gab es stets einen Kampf mit meinem Willen. Ich stemmte mich dagegen, doch Gott war stärker. Als ich zu Jesus Christus kam, hatte ich einen furchtbaren Kampf, Ihm meinen Willen auszuliefern und den Willen Gottes anzunehmen. Bevor ich mein Geschäft aufgab, kostete es mich einen Kampf von drei Monaten. Es war ein entsetzliches Dagegenstemmen. Aber wie viele Male habe ich Gott schon gedankt, daß ich meinen Willen Ihm übergeben und Seinen Willen angenommen habe.

Unvergeßlich ist mir die Zeit, da Gott mich zu höherem Dienst berufen hat – nämlich auszuziehen, um das Evangelium im ganzen Land zu verkündigen. Monatelang widersetzte ich mich. Doch eines vom Besten, was ich je tat, war, daß ich auch darin Gottes Willen mit mir geschehen ließ.

Weil Abraham Gott gehorchte und selbst den eigenen Sohn Ihm nicht verweigerte, erweiterte Gott Seine Verheißungen noch einmal: „*Und der Engel des Herrn rief Abraham abermals vom Himmel her und sprach: Ich habe bei mir selbst geschworen, spricht der Herr: Weil du dieses getan und deinen einzigen Sohn mir nicht vorenthalten hast, will ich dein Geschlecht segnen und mehren wie die Sterne am Himmel und wie den Sand am Ufer des Meeres, und deine Nachkommen sollen die Tore ihrer Feinde besitzen; und durch dein Geschlecht sollen alle Völker auf Erden gesegnet werden, weil du meiner Stimme gehorcht hast*" 1. Mose 22, 15-18.

Wenn du meinen Rat annimmst, wirst du keinen anderen als Gottes Willen erfüllen wollen. Vollziehe eine ganze, vorbehaltlose und vollständige Übergabe, und die herrlichen Botschaften des Himmels werden zu dir kommen. Gott wird dir

die Geheimnisse des Himmels

offenbaren. Nachdem Abraham getan hatte, was Gott ihn tun hieß, offenbarte Gott ihm das kostbarste Geheimnis Seines Sohnes, Jesus Christus! Wenn wir eine *bedingungslose Übergabe* vollziehen, wird Gott uns *etwas Besseres* geben, als wir jemals vorher gekannt haben. Wir werden eine neue Schau von Jesus Christus erhalten und Gott dafür nicht nur in diesem, sondern auch im zukünftigen Leben danken. Ja, möge doch jeder von uns, soferne dieses nicht schon erfolgt ist, eine ganze, vollständige und bedingungslose Übergabe an Gott, jetzt und für immer, vollziehen.

AUF GOTT WARTEN – AUF GOTT HÖREN

Die Berufung Moses

In der Heiligen Schrift wird der Berufung eines Menschen zu Gottes Werk weit mehr Platz eingeräumt als seinem Ende. Wir wissen zum Beispiel nicht, wie Jesaja starb oder wo er starb, aber wir wissen eine Menge über den Ruf, den Gott an ihn ergehen ließ.

Ich bin überzeugt, daß auch heute Hunderte von jungen Männern und Frauen, die auf einen Ruf warten und wirklich wissen möchten, welches der Auftrag ihres Lebens ist, dies vielleicht als ihr größtes Problem ansehen. Wieder andere wissen einfach nicht, welchen Beruf oder was für eine Arbeit sie ergreifen sollen. Deshalb möchte ich die Berufung des Mose als ein Beispiel nehmen und denke, daß wir daraus ein paar Lektionen für unser Leben lernen können.

Wir erinnern uns, daß Mose, als Gott ihm bei dem brennenden Dornbusch begegnete und ihn zu einem großen Werk berief,

dachte, der Herr habe sich geirrt,

und er, Mose, sei nicht der rechte Mann dazu. Deshalb sagte er: „Wer bin ich?" 2. Mose 3, 11. Er hatte keine bedeutende Meinung von sich selbst. Vierzig Jahre davor hatte er angefangen wie so viele andere auch. Damals dachte er, er sei ganz gut ausgerüstet zum Dienst. In den Schulen der Ägypter hatte er studiert. In den Palästen Ägyptens war er aus- und eingegangen. Er hatte sich in der sogenannten vornehmen Welt bewegt. So waren ihm alle Vorteile vergönnt gewesen, die man sich denken kann, als er seine Laufbahn antrat. Das steht außer Zweifel. Und doch – ohne Gott um Weisheit und Leitung angerufen zu haben, mußte auch er versagen.

Wie viele Menschen fingen selbstsicher in einem Beruf, vielleicht sogar in einem missionarischen Dienst, an und erlitten bald Schiffbruch! Sie hatten nicht auf die Stimme Gottes gehört. Sie hatten gar nicht auf Gott gewartet, daß Er sie unterwies und führte.

Ich nehme an, Mose dachte damals, die Kinder Israel würden sich geehrt fühlen, wenn sie erfuhren, daß ein Prinz des Königreiches daranging, ihre Sache in die Hand zu nehmen. Doch wir erinnern uns wohl, wie er die Beherrschung verlor und einen Ägypter erschlug. Und einen Tag darauf, als er sich in einen Streit zwischen zwei Hebräern einmischte, wollten diese wissen, wer ihn zum Richter und Herrn über sie gesetzt habe. Mose mußte in die Wüste fliehen und lebte dort vierzig Jahre im Verborgenen. Er hatte den Ägypter getötet und dadurch an Einfluß verloren. Mörder werden, um andere zur Freiheit zu führen, Unrecht begehen um des Rechtes willen – das ist eine traurige Methode, um Mißstände abzustellen. *Mose bedurfte der Erziehung.*

Es war eine lange Zeit, da Gott ihn in Seiner Schule behalten mußte, eine lange Wartezeit für einen Menschen in der Blüte seines Lebens: vom vierzigsten bis zum achtzigsten Lebensjahr. Mose war mit all dem Luxus, den Ägypten zu bieten hatte, aufgewachsen. Nun mußte er sich als Hirte verdingen. In der Ägypter Augen war ein Hirte etwas sehr Geringes.

Ich stelle mir vor, daß der Kopf Moses damals am Anfang bei weitem größer gewesen ist als sein Herz. Und ich glaube, das ist auch der Grund, warum immer wieder so viele Menschen versagen: Sie haben

große Köpfe und *kleine Herzen.*

Wenn ein Mensch ein verkümmertes Herz hat und einen großen Kopf, ist er eine Mißgeburt. Vielleicht schaute Mose auf die Hebräer hinab. Es gibt ja viele, die der Vorstellung huldigen, sie seien groß und die anderen klein. Solche Menschen hat Gott noch *nie gebrauchen* können. Vielleicht war Mose ein schwerfälliger Schüler in der Schule Gottes, so daß er *vierzig Jahre* darin bleiben mußte.

Aber nun hatte er das Examen bestanden. Er war genau der Mann, den Gott gebrauchen konnte. Jetzt berief Gott ihn. Und nun sagte Mose: „Wer bin ich?" *Er kam sich in seinen eigenen Augen sehr gering vor.* Jetzt war er endlich so weit, wie Gott ihn haben wollte.

Hätte man die Ägypter gefragt, wer er sei, sie würden geantwortet haben: „Er ist

der größte Narr der Welt!

Überlegt euch doch nur, was für Gelegenheiten dieser Mann verpaßt hat!" Sie würden fortfahren: „Er hätte Befehlshaber des ägyptischen Heeres werden können. Ja, er hätte vielleicht sogar auf den Thron kommen und die ganze Welt unter seine Herrschaft bringen können, wenn er sich nicht mit diesen armseligen Hebräern gleichgesetzt hätte. Überlegt doch nur, welche Gelegenheiten Mose versäumt und welches Vorrecht er weggeworfen hat!"

Vierzig Jahre war Mose aus dem öffentlichen Leben verschwunden gewesen, und sie wußten nicht, was aus ihm geworden war. Aber Gott hatte ihn im Auge behalten. Für Ihn war er genau der Mann, den Er brauchen konnte. Als Mose Gott die Frage entgegenhielt: „Wer bin ich?", kam es im Grunde gar nicht darauf an, wer *er* war, sondern *wer sein Gott* war.

Wenn ein Mensch die Lektion lernt, daß er *nichts* und Gott *alles* ist, dann gibt es keine Stellung, in der Gott ihn nicht gebrauchen könnte.

Es war nicht Mose, der das große Werk der Errettung hinauszuführen hatte. Er war *lediglich das Werkzeug* in Gottes

Hand. Gott hätte auch ohne Mose zu Pharao sprechen können. Er hätte mit einer Donnerstimme das Herz und den trotzigen Willen des Pharao brechen können, wenn Er es so gewollt hätte. Aber Gott ließ sich in Seiner Barmherzigkeit viel lieber herab und bediente sich eines menschlichen Mittelsmannes.

Gott gebraucht Menschen, um zu Menschen zu sprechen. Er hätte den Auszug der Kinder Israel in einem Nu vollbringen können. Statt dessen gefiel es Ihm, einen *einsamen und verachteten Hirten* zu senden, um – durch Schmerz und Enttäuschung hindurch – Seinen Vorsatz auszuführen.

Das war Gottes Weise im alten Bund und ist sie heute noch. Er sandte *Seinen eigenen Sohn* in der Gleichheit des sündigen Fleisches, damit Er der Mittler zwischen Gott und den Menschen werde.

Mose brachte noch weitere Entschuldigungen und Einwände vor: „Wenn ich zu den Kindern Israel komme und spreche zu ihnen: Der Gott eurer Väter hat mich zu euch gesandt! und sie mir sagen werden: Wie ist sein Name?, was soll ich ihnen sagen?" 2. Mose 3, 13. Sicher dachte er daran, wie er das erste Mal ausgezogen war, ohne von Gott gesandt gewesen zu sein, und er fürchtete, ein zweites Mal zu versagen.

Ein Mensch, der einmal versagt hat, fürchtet stets, ein zweites Mal zu versagen. Er verliert leicht das Vertrauen zu sich selbst. Doch, ist es nicht gut, das Vertrauen zu sich selbst zu verlieren und dafür Vertrauen zu Gott zu gewinnen?

Gott sprach damals zu Mose: *„So sollst du zu den Kindern Israel sagen: ‚ICH BIN' hat mich zu euch gesandt"* 2. Mose 3, 14.

Jemand hat es einmal sehr treffend so erklärt: Gott gab Mose einen

Blankoscheck,

und alles, was er fortan zu tun hatte, war, diesen Scheck auszufüllen. Wollte er Wasser aus dem Felsen fließen lassen, so mußte er den Scheck ausfüllen. Brauchte Mose Brot, hatte er nur den Scheck auszufüllen, und das Brot fiel vom Himmel. Mose hatte einen reichen Bankier. Gott hatte ihn zu Seinem Teilhaber ernannt, ihn zu Seinem Erben erwählt. Alles, was Mose jetzt tun mußte, war dies: zu Gott aufzuschauen. Er gab ihm alles, was er brauchte.

Und doch wehrte Mose sich immer noch gegenüber diesem Auftrag. Er suchte nach weiteren Entschuldigungen. Deshalb hielt er Gott entgegen: „Sie werden mir nicht glauben" 2. Mose 4, 1. Ihm war ebensosehr vor den Israeliten bange als vor dem Pharao. Mose wußte, wie schwer es ist, allein schon seine Freunde dahin zu bringen, daß sie einem glauben.

Nun, wenn Gott dich oder mich mit einer Botschaft gesandt hat, dann ist es *nicht unsere Sache,* zu fragen, ob andere sie glauben werden oder nicht. *Wir* können Menschen nicht zum Glauben bringen. Das ist das Werk des Heiligen Geistes. Wir sollen Menschen nicht überreden und können ihre Zweifel und den Unglauben nicht besiegen. *Das vermag allein der Geist Gottes,* der sich zwar unser bedienen will; niemals aber sind wir es, die Glauben schaffen.

Gott sagte Mose, daß sie ihm glauben *würden,* daß es ihm gelingen werde, die Kinder Israel aus der Knechtschaft herauszuführen. Doch Mose schien sogar dem lebendigen Gott zu mißtrauen.

Da sagte der Herr zu ihm: „Was ist das in deiner Hand?" 2. Mose 4, 2. Mose trug nämlich einen Hirtenstab mit sich, den er irgendwo abgeschnitten hatte. „Ein Stab", antwortete Mose. „Damit wirst du die Kinder Israel überzeugen. Mit diesem Stab wirst du Israel beweisen, daß ich mit dir bin", erwiderte der Herr.

Als Gott der Allmächtige sich mit jenem Stab verband, war er mehr wert als alle Heere, die die Welt je gesehen hat. Er brachte die Fliegenplage herauf und das Unwetter, er verwandelte das Wasser in Blut. Doch war es im Grunde nicht der Stab noch Mose selbst, die das vollbrachten, sondern vielmehr und allein Gott. Solange Gott mit Mose war, konnte Mose nicht versagen.

Manchmal scheint es allerdings, als ob Gottes Diener ihr Ziel verfehlten. Als Herodes Johannes den Täufer enthauptete, sah es so aus, als ob die Sendung des Johannes ein Fehlschlag gewesen wäre. War sie das aber wirklich? Die Stimme, die damals durch das Jordantal gedrungen ist, tönt heute in der ganzen Welt wider. Über Berg und Tal kannst du ihr Echo hören: „Er muß wachsen, ich aber muß abnehmen." Johannes hielt Jesus Christus hoch und stellte Ihn der Welt vor. Herodes hatte *nicht eher* Macht, Johannes zu enthaupten, als bis sein Lebenswerk vollendet war.

Von Stephanus wissen wir nur von einem einzigen Mal, daß er gepredigt hat, und das ist vor dem Synedrium gewesen. Aber wie oft ist diese Predigt seitdem in der ganzen Welt immer wieder verkündigt worden! Wahrscheinlich ist der Apostel Paulus – wohl der größte Prediger, den die Welt seit Jesus Christus je gesehen hat – die Frucht des Märtyrertodes von Stephanus.

Wenn ein Mensch von Gott gesandt ist und sich dieses Auftrages bewußt bleibt, dann gibt es bei ihm kein Versagen. – War das Leben Christi etwa ein Versagen? Seine Botschaft durchläuft heute den ganzen Erdkreis. – Es sah so aus, als hätten die Apostel versagt, aber wieviel wurde durch sie getan! Wer die Apostelgeschichte liest, wird erkennen, daß jedes scheinbare Versagen sich in einen großen Sieg verwandelt hat.

Mose stand nicht im Begriff, einen Fehlschlag zu erleiden, obgleich ihm der Pharao mit Verachtung sagte: „Wer ist der Herr, daß ich ihm gehorchen müsse?" 2. Mose 5, 2. Er sollte noch erfahren, wer Gott ist, und erkennen, daß es einen lebendigen Gott gibt.

Indessen brachte Mose eine weitere Entschuldigung vor. Er sagte nämlich: „Ich bin von jeher nicht beredt gewesen;

denn ich habe eine schwere Zunge" 2. Mose 4, 10. Er meinte, er sei

kein Redner.

Meine Freunde, wir haben so viele Redner. Ich bin unserer leichtzüngigen Redner müde und überdrüssig. Früher pflegte ich darüber zu murren, daß ich kein Redner sein konnte. Ich dachte: „Wenn ich doch nur die Gabe des Redens wie mancher andere hätte!"

Ich habe Männer gehört, die mit ihrem Redefluß die Zuhörerschaft in ihren Bann gezogen haben; aber sie kamen und gingen. Ihre Stimme war gleichsam wie ein Hauch – es steckte keine Kraft dahinter. Sie vertrauten auf ihre Beredsamkeit und ihre schönen Worte.

Das ist es, woran Paulus dachte, als er an die Korinther schrieb: „Mein Wort und meine Predigt geschah nicht mit überredenden Worten menschlicher Weisheit, sondern in Erweisung des Geistes und der Kraft, auf daß euer Glaube bestehe nicht auf Menschenweisheit, sondern auf Gottes Kraft" 1. Korinther 2, 4.5.

Nehmen wir als Beispiel einen Zeugen vor Gericht. Er mag seine Redekünste im Zeugenstand spielen lassen, doch bald wird der Richter ihn zurechtweisen. Den meisten Einfluß bei den Geschworenen hat normalerweise der Mann, der die reine, einfache Wahrheit spricht.

Stellen wir uns einmal vor, Mose hätte eine Rede für seinen Auftritt beim Pharao vorbereitet und wäre dann vor den Spiegel getreten, um sein Haar glattzubürsten und sich in seinen Posen zu üben; oder er wäre zu einem Vortragskünstler gegangen, um zu lernen, wie man eine wirkungsvolle Ansprache hält und welche Gesten man dazu macht.

Nehmen wir an, Mose wäre hingetreten, hätte den Mantel zugeknöpft, die eine Hand auf die Brust gelegt und sich in Positur gesetzt, um dann so zu beginnen: „Der Gott unserer

Väter, der Gott Abrahams, Isaaks und Jakobs, hat mir befohlen, vor den edlen König von Ägypten hinzutreten."

Ich vermute, sie hätten ihn geradewegs um einen Kopf kürzer gemacht. Es gab genug Ägypter, die ebenso beredt sein konnten wie Mose. Es war nicht Beredsamkeit, was gebraucht wurde. Mose war viel zu schwerfällig im Reden, aber *er hatte eine Botschaft, und Gott wollte, daß er diese Botschaft ausrichtete.* Dennoch blieb Mose dabei, sich herauszureden. Er wollte nicht gehen. Statt sich eifrig darauf einzulassen, daß er als Botschafter Gottes handeln durfte, hörte er nicht auf, sich zu entschuldigen.

Gott ließ ihm schließlich seinen Willen und ging auf seine Ausreden ein. Er gab ihm einen Dolmetscher: Er gab ihm Aaron.

Nun, es gibt nichts Langweiligeres auf der Welt, als durch einen Dolmetscher zu sprechen. Ich habe es einmal in Paris versucht. Ich begab mich zusammen mit dem Übersetzer in den winzigen Kasten von einer Kanzel, obwohl dort kaum Platz für eine Person war. Während ich einen Satz sprach, drehte sich der Dolmetscher nach der anderen Seite um, und hernach wandte ich mich zur Seite, während der Dolmetscher meine Worte auf Französisch wiederholte. – Kann man sich etwas Langweiligeres vorstellen als Mose, der zum Pharao geht und durch Aaron spricht?

Aber dieser redegehemmte Mann sollte noch beredt werden! Als er hundertzwanzig Jahre alt war, trug dieser selbe Mann vor ganz Israel das folgende Lied vor:

Merkt auf, ihr Himmel, ich will reden,
und die Erde höre die Rede meines Mundes.
Meine Lehre triefe wie der Regen,
und meine Rede fließe wie Tau,
wie der Regen auf das Gras
und wie die Tropfen auf das Kraut.
Denn ich will den Namen des Herrn preisen.

Gebt unserm Gott allein die Ehre!
Er ist ein Fels.
Seine Werke sind unsträflich;
denn alles, was Er tut, das ist recht.
Treu ist Gott und kein Böses an Ihm;
gerecht und fromm ist Er.
5. Mose 32, 1-4

Mose erwies sich schließlich als einer der beredtesten Menschen, den die Welt je gesehen hat. Wenn Gott Menschen sendet und sie richten Seine Botschaft aus, dann will Er mit ihrem Munde sein.

Wenn Gott dir eine Botschaft gegeben hat, so geh und gib sie an die Menschen weiter, genau wie Er sie dir gegeben hat.

Es ist einfältig und dumm, wenn jemand versucht, beredt zu wirken. Mache aus deiner Botschaft

– und nicht aus dir selbst –

das Allerbeste. Sei nicht befangen! Richte dein Herz auf das, was Gott dir zu tun gegeben hat, und sei nicht so töricht, deine Schwierigkeiten und deine Fähigkeiten dir im Weg stehen zu lassen.

Es wird berichtet, daß das Volk, das gekommen war, Cicero zu hören, beim Weggehen sagte: „Habt ihr je so etwas gehört? War es nicht großartig?" Als das Volk jedoch Demosthenes hörte, war es durch den Gegenstand seiner Rede so angefeuert, daß es sogleich in den Kampf ziehen wollte. Es vergaß Demosthenes völlig, war aber von seiner Botschaft getroffen und bewegt. – Das ist der Unterschied zwischen den beiden Männern.

Nachdem Mose seine „schwere Zunge" als Entschuldigungsgrund vorgebracht und Gottes Zuspruch empfangen hatte, war er immer noch nicht bereit zur Sendung. „Ach, Herr! Sende doch, wen Du senden willst!" 2. Mose 4, 13.

Haben wir schon einmal darüber nachgedacht, was Mose verloren hätte, wenn Gott ihn beim Wort genommen und etwa gesagt hätte: „Gut denn, Mose. Du magst hier in der Wüste bleiben, und ich will an deiner Statt Aaron oder Josua oder Kaleb senden."

Verschanze dich nicht hinter Ausflüchte, wenn Gott dich zu irgendeinem Dienst beruft. Was hätten die Apostel verloren, wenn sie dem Ruf Jesu nicht gefolgt wären! Mir haben immer jene anderen Jünger leid getan, von denen es in der Bibel heißt, daß sie sich umgewandt haben und nicht mehr mit Jesus gegangen sind.

Denken wir daran, was Orpa aufgab und was andererseits Ruth gewann durch das Festhalten an Naemis Gott. Ihre Geschichte wird seit dreitausend Jahren erzählt. Vater, Mutter, Schwestern, Brüder, das Grab ihres Gatten – allem wandte sie den Rücken.

Ruth, komm zurück und berichte uns, ob du deine Wahl bereust! O nein, sie bereut sie nicht; ihr Name erstrahlt als einer der hellsten unter all den Frauen, die je gelebt haben. Der Messias ist einer ihrer Nachfahren.

Mose, komm du zurück und sage uns, ob du es später bedauert hast, daß Gott dich berufen hat! Ich bin überzeugt, als er in verherrlichtem Leib mit Jesus und Elia auf dem Berg der Verklärung stand – er bedauerte es nicht.

Meine lieben Freunde, Gott ist nicht auf irgendeinen Botschafter angewiesen. Die Bibel sagt uns, daß Er aus Steinen Kinder erwecken kann. Jemand hat einmal ausgeführt, daß es drei Arten von Menschen gebe: „Will-Menschen", die „Will-nicht-Menschen" und die „Kann-nicht-Menschen". Die ersteren führen alles durch, die zweiten stellen sich allem entgegen, und die dritten versagen in allem.

Wenn Gott dich ruft, betrachte es als eine große Ehre. Betrachte es als ein großes Vorrecht, Partnerschaft mit Ihm haben zu dürfen. Tu Seinen Auftrag fröhlich und gern. Tu ihn von ganzem Herzen, und Er wird dich segnen. Laß dich nicht durch falsche Bescheidenheit oder Unaufrichtigkeit, durch Eigennutz oder irgendeine persönliche Erwägung von dem Weg der Pflicht und des Dienstes abbringen. Wenn wir auf Gottes Stimme achtgeben, werden wir den Ruf hören; und *wenn Er uns ruft und sendet,* dann werden wir nicht Mißlingen haben, sondern Erfolg. Mose wurde ein herrlicher Erfolg zuteil, weil er schließlich doch im Gehorsam ging und tat, wozu Gott ihn berufen hatte.

ANDERS, ALS SIE DACHTEN

Naeman, der Syrer

Ich möchte nun unsere Aufmerksamkeit auf einen Mann lenken, der eine große und angesehene Persönlichkeit in seinem Lande gewesen ist, ein Mann, den sogar der König geehrt und ausgezeichnet hat. Er bekleidete als Oberster des Heeres des damaligen syrischen Königs eine hohe Stellung. Aber dieser nach außen so glücklich scheinende Mann litt an einer bösen Krankheit – er war aussätzig! Das lag wie ein Gifthauch über seinem Leben, obgleich niemand davon wußte.

Es gibt wohl kein besseres Bild von einem Sünder als das dieses Mannes. – Lassen wir einmal ganz außer acht, wer jemand ist und welche Stellung er einnimmt: alle Menschen sind in ihrem natürlichen und unwiedergeborenen Zustand gleichermaßen Sünder und „erreichen nicht die Herrlichkeit Gottes". Und als solche müssen sie auch vor dem Gericht Gottes erscheinen. Welch düstere Schatten wirft das auf das ganze Leben!

„*Aber er war aussätzig.*" Wie schwer wiegt dieser Satz. Und es gab in ganz Syrien keinen Arzt, der ihm hätte helfen können. Wollte Naeman seinen Aussatz loswerden – und das war keine Frage –, dann mußte die Hilfe von anderswoher kommen.

Gott hatte sicher schon beschlossen, wie diesem rechtschaffenen Mann zu helfen wäre. Vielleicht mußte deshalb ein junges Mädchen aus Israel weggeführt werden. Dieses Mädchen wurde nämlich der Frau Naemans als Magd überlassen.

Ich stelle mir vor, daß dieses Mädchen eines Tages die Frau des Feldhauptmanns weinend angetroffen hat. Sein Herz wurde angerührt, als es die unheimliche Wolke spürte, die auf der

Familie lastete, nachdem es von der schrecklichen Krankheit erfahren hatte. So erzählte dieses seiner Herrin, daß es in seinem Land einen Propheten gebe, der seinen Herrn von dessen Aussatz heilen könne. „Ach, daß mein Herr bei dem Propheten in Samaria wäre!" sagte es. „Der könnte ihn von seinem Aussatz befreien" 2. Könige 5, 3.

Ist das nicht Glaube? Dieses Mädchen rühmt Gott, indem es damit rechnet, daß Er durch Seinen Diener Elisa mehr für diesen Heiden tun würde, als Er für irgend jemand in Israel getan hat, und

Gott hat seinen Glauben geehrt.

„Was sagst du?" – so kann ich mir dieses Gespräch vorstellen – „Ein Prophet in Israel, der den Aussatz heilen kann?"

„Ja!" antwortete das Mädchen.

„Kennst du etwa jemand, der durch ihn vom Aussatz geheilt worden ist?"

„Nein", gab das Mädchen zu.

„Warum glaubst du dann, daß der Prophet den Aussatz heilen kann?" fragte die Frau Naemans.

„Es gibt nichts, was Elisa, der Mann Gottes, nicht tun könnte. Nicht weit von uns wohnte ein kleines Kind, das starb, und er erweckte es wieder zum Leben. Er hat schon viele wunderbare Dinge getan."

Das Mädchen muß den Ruf der Wahrheitsliebe gehabt haben, denn sonst hätte man seiner Aussage keinen großen Wert beigemessen und sie als Märchen abgetan.

Der Feldhauptmann erfuhr davon und teilte es sogleich seinem König mit. Naeman stand hoch in der Gunst des Königs, hatte er doch erst vor kurzem einen großen Sieg errungen. Also sagte der König darauf: „Du solltest nach Samaria reisen und sehen, ob etwas an der Sache ist. Ich werde dir ein Empfehlungsschreiben an den König von Israel mitgeben."

Entspricht das nicht genau der Vorstellung des Menschen?

Sein Gedanke war: Wenn es jemand gab, der helfen konnte, so mußte es gewiß der König sein. Nur der König konnte doch sowohl bei den Menschen als bei Gott Gewalt haben.

O nein, meine lieben Freunde, es ist weit besser, um einen Menschen zu wissen, der Gott kennt! Ein Mensch, der mit Gott vertraut ist, hat mehr Macht als irgendeine irdische Instanz.

Naeman zieht hinab nach Samaria mit dem Empfehlungsschreiben seines Königs. Was für eine Aufregung mag es dort wohl gegeben haben, als der Befehlshaber des syrischen Heeres herangezogen ist, eine Menge Gold und Silber mit sich führend.

So denkt der Mensch; er will natürlich den berühmten Arzt bezahlen. Deshalb nimmt er einen großen Betrag mit, um die Rechnung des Arztes begleichen zu können. Es gibt eine Menge Leute, die bereitwillig jede Summe zahlen würde, wenn sie sich damit die Gunst Gottes erkaufen und vom Fluch der Sünde frei werden könnte. Ja, wenn es mit Geld ginge,

wie viele würden sich dann die Erlösung erkaufen!

Aber, Gott sei Dank, sie steht nicht zum Kauf frei. Man muß sie zu dem von Gott bestimmten Preis annehmen, und das ist „ohne Geld und ohne Kaufpreis".

Meine lieben Freunde, haben wir uns je gefragt, was schlimmer ist: der Aussatz des Leibes oder der Aussatz der Sünde? Ich für meinen Teil wollte tausendmal lieber den leiblichen Aussatz in Augen, Füßen und Armen haben! Ich wollte lieber in den Augen meiner Mitmenschen ekelerregend sein, als sterben zu müssen mit dem Aussatz der Sünde und damit für ewig von Gott getrennt zu sein! *Der Aussatz des Leibes ist schrecklich, aber tausendmal schlimmer ist der Aussatz der Sünde.* Die Sünde hat schon die besten und stärksten Menschen ruiniert, die die Welt je gesehen hat.

Da ist etwas an Naeman, das ich besonders gern mag – es

ist der Ernst seines Entschlusses. Es war ihm mit seiner Entscheidung

durch und durch ernst.

Er war bereit, dem Rat der jungen Magd zu folgen und hundertfünfzig Meilen Weges zurückzulegen.

Manche Leute sagen: „Ich mag diesen Prediger nicht. Ich möchte bloß wissen, wo der herkommt, was er bisher getan hat und ob er überhaupt ordiniert ist." – Meine lieben Freunde, stört euch nicht an den Predigern. *Es ist die Botschaft,* die ihr braucht. Wenn mir jemand ein Telegramm schicken würde und die Botschaft, die es enthält, wäre wichtig, ich würde mich gewiß nicht damit aufhalten, nach dem Boten zu fragen, der sie gebracht hat. Ich würde vielmehr mein ganzes Augenmerk auf die Mitteilung richten und nicht auf den Menschen, der sie mir gegeben hat.

So soll es auch mit Gottes Botschaft sein. Die gute Botschaft ist alles, der Botschafter nichts. Die Syrer blickten mit Verachtung auf die Israeliten; und doch war dieser bedeutende Mann – Naeman – bereit, die gute Nachricht aus der Hand der jungen Magd anzunehmen.

Wenn ich mich in New York verliefe, ich wäre bereit, irgend jemand nach dem richtigen Weg zu fragen, selbst wenn es ein Straßen-Schuhputzer wäre. Es ist ja der Weg, den ich wissen muß, und dabei spielt die Person, die ihn mir zeigt, keine Rolle.

Indessen gab es aber doch ein Hindernis bei Naeman. Obwohl er bereit war, dem Rat des kleinen Mädchens zu folgen, war er doch nicht willens, das Heilmittel anzunehmen. Das Hindernis, das ihm im Wege stand, war sein Stolz; denn das ihm von dem Propheten angebotene Heilmittel versetzte seinem Stolz einen furchtbaren Schlag.

Ohne Zweifel hatte Naeman einen großartigen Empfang von dem König Israels erwartet, zumal dieser durch das Empfehlungsschreiben wissen mußte, wer zu ihm kam. Schon auf so vielen Schlachtfeldern hatte er gesiegt, und sein Rang konnte ihn einen besonderen Empfang erwarten lassen. Aber anstatt daß der König zur Begrüßung herausgeeilt kam, zerriß er seine Kleider, als er von der Ankunft Naemans und dem Grund seines Besuches erfuhr. „Bin ich denn Gott, daß ich töten und lebendig machen könnte, daß er zu mir schickt, ich solle den Mann von seinem Aussatz befreien? Merkt und seht, wie er Streit mit mir sucht!" 2. Könige 5, 7.

Elisa hörte von der Besorgnis des Königs, sandte zu ihm und ließ ihm sagen: „Warum hast du deine Kleider zerrissen? Laß ihn doch zu mir kommen, und er soll erkennen, daß ein Prophet in Israel ist!"

Ich kann mir vorstellen, daß Naeman in seinem Stolz gedacht hat: „Gewiß wird der Prophet sich sehr geehrt fühlen, daß ich, der bekannte syrische Feldherr, von so weit herkomme und mich an ihn wende."

Von solchen stolzen Gedanken erfüllt, zog er mit seinem Staatswagen und seinem glänzenden Gefolge vor die bescheidene Wohnung des Propheten. Ja, Naeman zog in großem Stil vor dem Haus des Propheten auf, und als niemand erschien, ihn zu begrüßen, sandte er seinen Diener hinein: „Berichte dem Propheten, daß der Feldherr Naeman von Syrien angekommen sei und ihn zu sprechen wünsche."

Elisa nimmt die Botschaft sehr gelassen entgegen. Er geht nicht hinaus, um Naeman selbst zu sprechen, sondern schickt einen Boten, der ihm ausrichtet, er solle siebenmal im Jordan untertauchen, dann werde er rein sein.

Das war ein harter Schlag für seinen Stolz. Ich kann mir denken, daß er den Boten fassungslos gefragt hat: „Was sagst du? Habe ich dich recht verstanden? Siebenmal im Jordan untertauchen, wo wir doch den Jordan in unserem Land einen Graben nennen?"

Aber die einzige Antwort, die er wiederum erhielt, war: „Der Prophet sagt: Geh hin und tauche siebenmal im Jordan unter, so wird dir dein Fleisch wieder werden, und du wirst rein sein."

Wie gut kann ich mir die Entrüstung und den Unwillen Naemans vorstellen, der darauf erwidert hat: „Sind nicht die Flüsse von Damaskus, Amana und Parpar besser als alle Wasser in Israel, so daß ich mich in ihnen waschen und rein werden könnte?" 2. Könige 5, 12. „Habe ich mich nicht hundertmal gebadet – und hat es mir geholfen? Kann Wasser denn überhaupt Aussatz wegwaschen?"

Und er wandte sich um und ging im Zorn weg.

Es ist nicht unbedingt ein schlechtes Zeichen, wenn ein Mensch zornig wird, weil man ihm die Wahrheit gesagt hat. Manche Leute fürchten sich davor, daß andere in Zorn geraten könnten. Darum sagen sie lieber nichts. Ich habe Frauen gekannt, die sich fürchteten, über bestimmte Dinge zu ihren Männern zu sprechen, weil sie vor deren Zorn Angst hatten. Ich habe Mütter gekannt, die sich scheuten, mit ihren Söhnen zu sprechen, weil sie

fürchteten, sie würden wütend werden.

Habt keine Angst, jemand zu verärgern, wenn es die Wahrheit ist, die ihn in Zorn geraten läßt. Sollte es allerdings unsere Torheit sein, die ihn in Wut versetzt, dann haben wir freilich Grund, uns über uns selbst zu ärgern. *Ist es aber die Wahrheit, die wir sagen, dann ist es weit besser, einen Menschen in Wut versetzt zu haben, als ihn weiter schlafen zu lassen.* Ich glaube, die Not vieler Menschen von heute ist, daß sie fest eingeschlafen sind. Da ist es weit besser, sie aufzuwekken, selbst auf die Gefahr hin, daß sie verärgert aufwachen.

Tatsache ist, daß der Jordan als Fluß nie von Bedeutung gewesen ist. Er mündet in das Tote Meer, das ohne Hafen ist. Auch seine Ufer waren nicht halb so schön wie die der Flüsse von Damaskus. Damaskus selbst war eine der schönsten Städte der Welt. Es heißt, daß Mohammed, als er sie erblickte, den Kopf zur Seite gewandt haben soll aus Furcht, sie könnte seine Gedanken vom Himmel ablenken.

Naeman wandte sich im Zorn ab. „Ach", sagte er sich wohl, „hier stehe ich nun, ein mächtiger und erfolgreicher Feldherr auf dem Schlachtfeld, habe den höchsten Rang im Heer, und doch kommt dieser Prophet nicht einmal heraus, um mich zu sprechen. Er sendet einfach eine Botschaft. Ich habe gedacht, er würde wenigstens zu mir kommen, den Namen seines Gottes anrufen und dann seine Hand auf die kranken Stellen legen und so den Aussatz heilen."

Ich habe noch kaum einen Menschen getroffen, der, wenn man auf seine Sünden zu sprechen kam, nicht gesagt hätte: „Ja, aber *ich dachte* so und so."

„Herr Moody", beschworen sie mich meist, „ich will Ihnen einmal sagen, was *ich denke;* ich möchte Ihnen *meine Ansicht* darlegen."

In Jesaja 55 sagt Gott zu den Übeltätern und Sündern: „Meine Gedanken sind nicht eure Gedanken, und eure Wege sind nicht meine Wege." Das trifft auch für Naeman zu. Erstens dachte er, ein reichliches Arzthonorar würde alles in Ordnung bringen. Und zweitens meinte er, es würde genügen, wenn er mit einem Empfehlungsschreiben seines Königs käme. Sicher waren das Naemans anfängliche Gedanken. *Er dachte,* der Prophet würde ehrerbietig und unterwürfig zu ihm herauskommen und ihn

ersuchen, eine bestimmte Forderung zu erfüllen.

Statt dessen kam Elisa nicht einmal an die Tür oder ans Fenster. Er schickte nur die Botschaft hinaus: „Sag ihm, er möge siebenmal im Jordan untertauchen."

Voller Zorn und Enttäuschung wollte Naeman davongehen, indem er sich sagte: *„Ich dachte, ich dachte, ich dachte!"*

Was mich betrifft, so habe ich diese Redensart „ich dachte" schon so oft gehört, daß ich ihrer überdrüssig bin. Ich kann dir nur raten: Gib sie auf und nimm Gottes Wort, Gottes Gedanken, Gottes Wege an! Ich habe noch nie einen Menschen kennengelernt, der sich genau zu der Zeit und auf die Art und Weise, wie er es sich vorgestellt hatte, bekehrte. Manche sagten: „Wenn ich mich je bekehren sollte, dann bestimmt nicht in einer freikirchlichen Versammlung. Ich werde mich doch nicht von denen einfangen lassen!" Wenn sich solche dann schließlich doch bekehrten, so war es zumeist gerade in einer freikirchlichen Versammlung.

In Schottland bekehrte sich einmal in einer unserer Versammlungen ein Unternehmer. In der Folgezeit war er sehr bestrebt, daß alle seine Angestellten von der Botschaft Gottes erreicht würden. Deshalb schickte er sie nach und nach zu den Versammlungen. Einer hingegen war darunter, der wollte absolut nicht gehen und ging auch nicht. Als dieser Angestellte nämlich merkte, daß sein Arbeitgeber ihn dazu bewegen wollte, die Versammlung zu besuchen, entschied er sich bewußt dagegen. Wenn er sich je einmal bekehren würde, sagte er, dann wolle er das bei einem ordinierten Geistlichen seiner Kirche tun. Er gehe nicht zu Versammlungen, die von einem Amerikaner gehalten würden, der nicht ordiniert sei.

Der Unternehmer versuchte auf jede nur mögliche Weise, ihn dennoch zum Besuch der Versammlungen zu bewegen, aber ohne Erfolg.

Nachdem wir die Stadt verlassen hatten und an einen anderen Ort gezogen waren, fügte es sich, daß jener Unternehmer irgendein Geschäft gerade dort zu tätigen hatte. Er beauftragte dazu jenen Angestellten, der sich einem Versammlungsbesuch so stark widersetzt hatte. Er verband damit die Hoffnung, daß jener Mann vielleicht bei dieser Gelegenheit eine unserer dortigen Versammlungen besuchen würde.

Eines Abends predigte ich gerade über dieses Thema: „Ich dachte, ich dachte, ich dachte!" Ich versuchte, den Unterschied zwischen den Gedanken der Menschen und den Gedanken Gottes herauszustellen. Ausgerechnet an diesem Abend ging jener Mann am Flußufer spazieren. Er sah eine Menge Leute dastehen und hörte, daß jemand sprach, und wurde neugierig. Langsam näherte er sich der Menge und hörte zu. Er blieb bis zum Ende der Predigt, wurde vom Heiligen Geist überführt und bekehrte sich. Danach erkundigte er sich, wer der Prediger sei, und mußte feststellen, daß es derselbe Mann war, von dem er gesagt hatte, er wolle ihn nicht hören. Der Mann, gegen den er sich gesträubt hatte, war eben derjenige, den Gott zu seiner Bekehrung gebrauchen wollte.

Während Naeman hin und her überlegte, was am besten zu tun sei, näherte sich ihm einer seiner Diener und machte eine sehr vernünftige Bemerkung: „Lieber Vater, wenn der Prophet etwas Großes von dir zu tun verlangt hätte, würdest du es nicht getan haben? Wieviel mehr denn, wenn er dir lediglich sagt: Bade dich, und du wirst rein sein!"

Hierin liegt viel Wahrheit. Wenn Elisa gesagt hätte, er solle auf seinen Händen und Knien nach Syrien zurückkehren, hundertfünfzig Meilen, er hätte es wohl anstandslos getan und auch geglaubt, das sei ganz in Ordnung. Oder wenn Elisa ihm gesagt hätte, er solle sich in eine Höhle zurückziehen und dort zwei Jahre leben, so hätte Naeman auch das getan und dabei gedacht, es sei so recht. Hätte Elisa gesagt, er müsse sich einer Operation unterziehen, Naeman wäre wohl sofort einverstanden gewesen und hätte sich zu allen damit verbundenen Qualen bereit erklärt.

Die Menschen wollen gern etwas zu ihrer Erlösung *tun*. Sie möchten nicht wahrhaben, daß sie dazu nichts beitragen können und daß Gott allein alles tun muß. Wenn du ihnen sagst, sie sollen jeden Abend und jeden Morgen bittere Kräuter essen, und das fünf Jahre lang, so werden sie es ganz in Ordnung finden. Auch Naeman hätte das ohne Widerspruch getan. Doch ihm lediglich zu sagen, er solle siebenmal im Jordan untertauchen, das schien ihm einfach zu lächerlich!

Obwohl der Diener des Naeman das merkte, schlug er ihm

vor, nichtsdestoweniger zum Jordan hinabzugehen und das Heilmittel anzuwenden, weil es doch

so einfach

war. – Erkennen wir uns hierin nicht selbst? Wie viele Menschen gibt es, die auf irgend etwas Großes warten. Sie warten vielleicht auf irgendein Gefühl, das plötzlich über sie kommen sollte, oder auf eine Erschütterung, die sie erfassen müßte.

Viele Jahre hindurch sprach ich immer wieder mit einem Mann über seinen Seelenzustand. Beim letzten Gespräch, das ich mit ihm hatte, meinte er:

„Wissen Sie, es ist noch nicht über mich gekommen."

Ich fragte: „Was denn?"

„Nun", sagte er, „es hat mich noch nicht getroffen."

„Getroffen? – Was meinen Sie damit?"

„Nun ja", erklärte er, „ich gehe zur Kirche, und ich höre Sie predigen; ich höre auch andere predigen, aber es hat mich noch nicht getroffen; es trifft immer irgendwelche anderen Leute, aber mich hat es noch nicht getroffen."

Das war alles, was ich aus ihm herausbekommen konnte. Es gibt eine ganze Menge Leute, die sich auf solche Weise herausreden. Sie haben vielleicht einmal jemand, der sich gerade erst bekehrt hat, erzählen hören, wie die Erkenntnis plötzlich über ihn hereingebrochen sei, gleichsam wie das Aufblitzen eines Meteors, und wie ihn dabei ein ganz neues Gefühl bewegt habe. Und so warten sie auf etwas Ähnliches dieser Art.

Kennst du eine Stelle in der Heiligen Schrift, die dir sagt, daß du auf so etwas warten sollst? *Du hast einfach dem zu gehorchen, was Gott dich tun heißt,* und deine Gefühle auf sich beruhen zu lassen. Ich kann meine Gefühle nicht in der Hand haben. Ich kann mich nicht dazu bringen, so oder anders zu fühlen. *Aber ich kann Gott gehorchen.* Gott gibt mir die Kraft dazu. Er gebietet nicht, ohne dazu *die nötige Kraft zu schenken,* mit der ich es tun kann. Mit dem Befehl kommt auch die Kraft.

Nun, Naeman konnte tun, was der Prophet ihm gesagt hatte; er konnte zum Jordan hinabgehen und sich siebenmal untertauchen. Das war es, was der Herr von ihm erwartete. Und wenn wir in das Reich Gottes eingehen wollen, dann haben wir diese Gehorsamslehre zu lernen: zu tun, was immer Er uns sagt!

Ich kann mir wohl denken, daß Naeman sich noch immer sträubte, den Worten des Propheten zu folgen, denn er sagte: „Nun, wenn dem Wasser des Jordan solche Reinigungskraft innewohnt, würde dann nicht jeder Aussätzige in Israel hinabgehen und darin untertauchen, um geheilt zu werden?"

„Gut – aber du weißt doch", drang der Diener in ihn, „daß du jetzt hundertfünfzig Meilen weit hergekommen bist. Meinst du nicht, daß es besser wäre, du tätest, was er dir sagt? Der Prophet läßt dir ausdrücklich sagen, mein Herr, daß dein Fleisch wieder wie das eines kleinen Kindes werde."

Naeman nahm dieses Wort jetzt an. Es war gerade zur rechten Zeit gekommen. Sein Ärger war allmählich etwas abgekühlt und der erste Gefühlsansturm der Entrüstung abgeebbt. Deshalb sagte er: „Gut denn; ich will es tun." – Das war

der Ausgangspunkt seines Glaubens,

obwohl er es wahrscheinlich immer noch als töricht empfand, zu glauben, daß das Ergebnis so sein würde, wie der Prophet gesagt hatte.

Endlich war Naemans Wille unterworfen, und er ergab sich. Er war an dem Punkt angelangt, wo der Mensch bereit wird zum Gehorsam. Die Heilige Schrift sagt uns: *„Gehorsam ist besser als Opfer"* 1. Samuel 15, 22.

Gott wünscht Gehorsam. Naeman hatte diese Lektion zu lernen. Es bedurfte keiner besonderen Fähigkeit, zum Jordan hinabzugehen, wie es ebensowenig einer solchen bedarf, um der Stimme Gottes zu gehorchen. Naeman hatte lediglich dem Wort zu folgen, und

gerade in dieser Tat des Gehorsams

wurde er gesegnet. – Denken wir an jene zehn Aussätzigen, die zum Herrn Jesus gekommen sind. Er hat zu ihnen gesagt: „Geht hin und zeigt euch den Priestern!" Lukas 17, 14.

„Wozu?" hätten sie erwidern können. „Was bringt uns das ein? Hier sind wir, alle voller Aussatz, und wenn wir hingehen und uns den Priestern zeigen, werden sie anordnen, daß wir in die Verbannung zurückkehren. Was soll es uns helfen?"

Aber so sprachen jene zehn Männer nicht. Sie brachen auf und taten genau das, was Jesus ihnen befohlen hatte. Indem sie es taten, wurden sie gesegnet. Ihr Aussatz wich von ihnen.

Und zu dem Mann, der gelähmt war und den man auf einem Bett zu Jesus brachte, sagte Er: „Stehe auf, hebe dein Bett auf und gehe heim!" Matthäus 9, 6.

Der Mann hätte sagen können: „Herr, ich habe es seit Jahren versucht, mein Bett aufzunehmen, aber ich kann es nicht. Mir fehlt die Kraft dazu. Ich bin schon seit zehn Jahren gelähmt. Glaubst du, daß ich hierhergebracht worden wäre, wenn ich mein Bett hätte selbst aufrollen können? Ich habe wirklich nicht die Kraft dazu."

Doch als der Herr diesem Kranken befahl, aufzustehen, gab Er zugleich *auch die Kraft dazu.* Jener Mann erhob sich, rollte sein Bett auf und begab sich nach Hause. Er wurde geheilt während der Tat seines Gehorsams.

Meine Freunde, wenn ihr wollt, daß Gott euch segnet, dann gehorcht Ihm! Tut, was immer Er euch zu tun aufträgt, und ihr werdet erfahren, wie der Herr euch segnen wird.

Jesus Christus kam eines Tages in die Schule. Dort war ein Mensch, der eine verdorrte Hand hatte. Nun lauerten die Pharisäer darauf, ob Er auch am Sabbat heilen würde. Sie dachten, dann eine Sache zu haben, aufgrund derselben sie Ihn zum Tode verurteilen könnten. Doch Jesus sagte zu dem Mann: „Strecke deine Hand aus!" Lukas 6, 10.

Nun, der Mann hätte sagen können: „Herr, das ist ein sonderbarer Befehl. Ich habe nicht die Kraft dazu. Meine Hand ist schon seit zwanzig Jahren verkrüppelt. Diese ganze Zeit habe ich sie nicht mehr ausstrecken können, und du sagst: Strecke sie aus!"

Aber als der Herr diesem Kranken sagte, er solle seine verkrüppelte Hand ausstrecken, gab Er ihm dazu auch die Kraft. Während der Ausführung dieses Befehls wurde die Hand geheilt. Gehorsam und Segen gehören zusammen.

Naeman mußte diese Lektion noch lernen. – Schließlich ging er aber doch zum Jordan hinab, wie es ihm gesagt worden war.

Und wenn *du* das tun wirst, was der Herr dir sagt, dann wird Er dich segnen, wie Er Naeman gesegnet hat.

Du fragst vielleicht: „Was sagt Er mir denn?"

„Glaube an den Herrn Jesus Christus, und du wirst errettet werden!"

Das Wort Gottes an Naeman hat gelautet: „Geh hin und wasche dich!"

Das Wort Gottes an jeden, der noch ohne Jesus Christus lebt, ist die Aufforderung zum Glauben. *„Wahrlich, wahrlich, ich sage euch: Wer mein Wort hört und glaubt dem, der mich gesandt hat, der hat das ewige Leben und kommt nicht ins Gericht, sondern er ist vom Tode zum Leben hindurchgedrungen"* Johannes 5, 24.

Wenn jemand von ganzem Herzen an den Herrn Jesus Christus glaubt, dann wird Gott ihn niemals der Sünde wegen ins Gericht bringen; die Sünde ist damit hinweggetan. Nimm Ihn bei Seinem Wort! Glaube dem, was Er sagt, und du wirst das ewige Leben haben.

Johannes sagt das erschütternde Wort: „Er kam in Sein Eigentum; und die Seinen nahmen Ihn nicht auf" Johannes

1, 11. Ihn – beachte dies wohl –, nicht ein Dogma, nicht ein Glaubensbekenntnis,

nicht einen Mythos, sondern eine Person.

„Er kam in Sein Eigentum; und die Seinen nahmen Ihn nicht auf. Wie viele Ihn aber *aufnahmen,* denen gab Er Macht (Vollmacht, das Recht), Kinder Gottes zu werden." Das ist der einzige Weg, dieses Recht zu erlangen.

Naeman ging hinab an den Fluß und tauchte das erste Mal unter. Ich kann mir vorstellen, wie er danach an sich hinuntergeschaut und zu seinem Diener gesagt hat: „Da schau mich an: Nicht besser als vorher! Wenn wenigstens ein Siebtel des Aussatzes weg wäre, das wäre doch immerhin etwas!"

Der Diener erwiderte vielleicht: „Der Mann hat dir aber aufgegeben, siebenmal unterzutauchen, nicht nur einmal. Tu doch einfach, was er dir gesagt hat!"

Beim Wort Gottes gibt es kein „teilweise" oder „abzwakken". Also mußte Naeman auch ein zweites Mal hinunter. Und so tat er es immer wieder, ein drittes, ein viertes, ein fünftes und ein sechstes Mal, immer mit dem gleichen Ergebnis: aussätzig wie vorher.

Einige von den Leuten, die am Ufer stehengeblieben waren, meinten sicher: „Ach, seht nur, der arme Mann muß seinen Verstand verloren haben!"

Als Naeman das sechste Mal heraufgekommen war, betrachtete er sich erneut und wird enttäuscht ausgerufen haben: „Nein, wirklich um nichts besser. Was für ein Narr bin ich doch! Wie werden sich die Leute über mich lustig machen! Hoffentlich erfährt die Aristokratie von Damaskus nichts davon, daß ich mich auf solche Weise vor aller Augen im Jordan untergetaucht habe. Aber, wie dem auch sei, da ich nun schon so weit gegangen bin, tauche ich auch noch das siebte Mal unter!"

Als er gleich darauf wieder zum Vorschein kam, schaute

er an sich hinunter und schrie vor Freude laut auf: „Ah, seht! Ich bin rein! Mein Aussatz ist verschwunden, ganz weg! Meine Haut sieht wirklich aus wie die eines kleinen Kindes."

Wenn auch nur ein Fleckchen Aussatz zurückgeblieben wäre – es würde einen Makel an Gott bedeutet haben.

Hätte jetzt jemand die Frage an Naeman gerichtet, wie er sich fühle, würde er sicher geantwortet haben: „Fühlen? Ich *weiß*, dies ist der glücklichste Tag meines Lebens. Wenn ich auf dem Schlachtfeld einen großen Sieg errang, dachte ich jedesmal, das sei der größte Freudentag meines Lebens; ich glaubte, nicht glücklicher sein zu können. Aber das war nichts im Vergleich zu dem heutigen Tag, zu dieser Stunde. Mein Aussatz ist ganz verschwunden, ich bin gesund, ich bin rein!"

Und wie war das geschehen? Zuerst hatte Naeman seine Fassung verloren, dann seinen Stolz, und erst danach seinen Aussatz. So sieht gewöhnlich die Reihenfolge aus, wenn stolze, widerspenstige Menschen zu Gott bekehrt werden.

Voller Freude stieg Naeman aus dem Jordan heraus, zog sich an und machte sich auf den Weg zurück zu dem Propheten. War er nicht wütend auf Elisa gewesen? Jetzt ist sein Ärger völlig verflogen, nun, da er rein ist.

Jetzt möchte Naeman den Propheten bezahlen. Da haben wir schon wieder die alte Geschichte; Naeman

möchte Geld geben

für seine Heilung. Wie viele Leute würden heutzutage gern dasselbe tun. Es würde jedoch die Geschichte der Gnade Gottes verdorben haben, wenn der Prophet irgend etwas angenommen hätte. Du magst ein *Dankopfer* für Gottes Sache geben, aber nicht, um damit die Erlösung zu bezahlen, sondern allein aus dem Grunde, *weil* du errettet worden bist. Der Herr verlangt nichts dafür, daß Er dich erlöst. Sein Heil empfangen wir „ohne Geld und ohne Kaufpreis". Der Prophet lehnte es ab, von Naeman irgend etwas anzunehmen.

Als ein anderer Mensch begab sich Naeman auf den Rückweg nach Damaskus. Die dunkle Wolke war von ihm genommen worden. Er war kein Aussätziger mehr, in dem die Angst steckte, an der ekelhaften Krankheit zugrunde gehen zu müssen. Naeman wurde frei von dem Aussatz, *als er tat,* was der Prophet Gottes gesagt hatte.

Wenn du der Stimme Gottes gehorchst, wird dasselbe in deinem Leben geschehen: In dem Augenblick, da du es tust, wird die Last deiner Sünde von dir abfallen, und du wirst rein sein. Es geschieht durch Glauben und Gehorsam.

Sehen wir nun weiter, wohin Naemans Glaube ihn führte. „Und er kehrte zu dem Manne Gottes zurück, er und sein ganzer Zug, und er kam und trat vor ihn und sprach: Siehe, nun weiß ich, daß es auf der ganzen Erde keinen Gott gibt als nur in Israel! Und nun nimm doch eine Segensgabe von deinem Knecht!" 2. Könige 5, 15.

Worauf ich unsere Aufmerksamkeit jetzt besonders lenken möchte, das sind die Worte:

„Nun weiß ich."

Da ist kein Zaudern und keine Einschränkung mehr. Naeman hat nicht gesagt: „Ich denke..." oder etwa: „Ich bin der Meinung..." Nein, er hat gesagt: „Nun *weiß* ich, daß es einen Gott gibt, der die Macht hat, den Aussatz zu heilen."

Wir sollten noch etwas anderes beachten. Naeman ließ *nur eines* in Samaria zurück, und das war sein Aussatz. So darf es auch bei dir sein: Das einzige, von dem Gott verlangt, daß du es bei Ihm zurücklassen sollst, das ist deine Sünde. Und gerade die willst du nicht aufgeben. Ist es nicht so?

„Oh", sagst du vielleicht, „ich mag diesen Aussatz, die Sünde, gern. Er vertreibt mir die Zeit und gibt mir Vergnügen. Ich kann nicht davon lassen. Sicher weiß ich, daß Gott ihn haben will und mich rein und heil machen möchte. Aber ich kann ihn nicht aufgeben."

Was für eine Torheit! Wie kann man den Aussatz lieben. Und doch ist das dein Zustand.

„Ach was", sagt ein anderer, „ich glaube nicht an augenblickliche Bekehrungen."

Nein? Wie lange dauerte es, bis Naeman geheilt war? Als er zum siebten Mal untertauchte, verschwand der Aussatz augenblicklich. Lies die großen Bekehrungsgeschichten, die uns in der Bibel berichtet sind: Saulus von Tarsus, Zachäus und die vieler anderer. Wieviel Zeit nahm ihre Bekehrung in Anspruch? Sie vollzog sich *in einem Augenblick.* Wir sind geboren in Ungerechtigkeit, tot in Sünden und Vergehen – aber wenn geistliches Leben kommt, dann geschieht es in einem Augenblick, und *wir sind frei,* sowohl von der Sünde als auch vom geistlichen Tod.

Du darfst gewiß sein, daß keine geringe Aufregung im Hause Naemans herrschte, als dieser dort ankam. Ich kann mir vorstellen, wie seine Frau Tag für Tag gewartet und am Fenster nach ihm Ausschau gehalten hat – mit der einen großen Last auf dem Herzen. Als sie ihn nun fragte: „Wie ist es?", da hörte er vielleicht noch die Angst aus ihrer Stimme heraus.

Die Tränen werden Naeman über die Wangen gelaufen sein, als er antwortete: „Gott sei Lob und Dank, ich bin gesund!"

Sie umarmten einander und schütteten die Freude und das Glück ihrer Herzen voreinander aus. Ebenso froh wie ihr Herr und ihre Herrin waren auch die Dienstboten, allen voran das israelische Mädchen; denn auch sie hatten bestimmt mit Bangen auf Nachricht gewartet. Wo gab es damals ein glücklicheres Haus als das Naemans, der vom Aussatz frei geworden war?

Und so, meine Freunde, wird es auch in eurem Hause sein, wenn ihr vom Aussatz der Sünde frei werdet. Doch nicht nur in eurem eigenen Herzen und in eurer Familie wird Freude sein, sondern es wird auch

Freude im Himmel

sein. Jesus selber verhieß, es werde Freude im Himmel und vor den Engeln Gottes sein über einen Sünder, der Buße tue (Lukas 15, 7.10).

Vor einiger Zeit kam ich einmal durch eine Straße, in der ein paar Leute zusammenstanden und sich laut lachend unterhielten. Einer von ihnen sagte gerade: „Ach, das ist ganz egal, das wird in hundert Jahren noch immer so sein."

Mich durchfuhr der Gedanke: „Wird dann wirklich alles noch so sein wie heute? – Wo werdet ihr dann sein?"

Möge sich doch ein jeder von uns fragen: „Wo werde ich dann sein?" Einige von uns, die schon etwas älter sind, mögen in zehn Jahren bereits in der Ewigkeit sein. Aber wo? Zur Linken oder zur Rechten Gottes? – Ich frage dich: Wo wirst du die Ewigkeit zubringen? Wo wirst du in hundert Jahren sein?

Ich hörte einmal von einem Mann, der vom europäischen Kontinent nach England reiste, um dort berühmte Ärzte zu konsultieren. Er trug einen Brief von seinem Landesherrn bei sich. Darin stand: „Der Überbringer dieser Zeilen ist ein persönlicher Freund von mir. Wir sind ernstlich besorgt, daß er seinen Verstand verlieren könnte. Bitte, tun Sie alles, was in Ihrer Macht steht."

Der englische Arzt fragte ihn, ob er etwa einen ihm nahestehenden Menschen oder eine wichtige Stellung verloren habe oder was es sonst sei, das sein Gemüt so beschwere.

Der junge Mann erwiderte: „Nein, das ist es nicht. Aber mein Vater und mein Großvater und auch ich selbst sind alle als Ungläubige aufgewachsen. Seit zwei oder drei Jahren quält mich nun der Gedanke: ‚*Wo werde ich die Ewigkeit zubringen?*' Dieser Gedanke verfolgt mich Tag und Nacht."

Daraufhin sagte der Arzt: „Sie sind zum *falschen Arzt* gekommen; doch ich will Ihnen verraten, wer Sie heilen kann." Und dann erzählte er diesem jungen Menschen von Christus und las ihm das 53. Kapitel aus dem Jesajabuch vor:

„Er war der Allerverachtetste und Unwerteste, voller

Schmerzen und Krankheit. Er war so verachtet, daß man das Angesicht vor Ihm verbarg; darum haben wir Ihn nichts geachtet. Fürwahr, Er trug unsre Krankheit und lud auf sich unsre Schmerzen. Wir aber hielten Ihn für den, der geplagt und von Gott geschlagen und gemartert wäre. Aber Er ist um unsrer Missetat willen verwundet und um unsrer Sünde willen zerschlagen. Die Strafe liegt auf Ihm, auf daß wir Frieden hätten, und durch Seine Wunden sind wir geheilt. Wir gingen alle in der Irre wie Schafe, ein jeglicher sah auf seinen Weg; aber der Herr warf unser aller Sünde auf Ihn" Verse 3-6.

„Herr Doktor, glauben Sie das?" fragte hierauf der junge Mann.

Der Arzt konnte ihm versichern, daß er daran glaube, und betete mit ihm. Es wurde ein schwerer Kampf, doch zuletzt fiel das klare Licht von Golgatha in die Seele des jungen Mannes, und er konnte glauben. Nun war die Frage, wo er die Ewigkeit zubringen werde, in seinem Herzen geklärt, und er hatte endlich Frieden und Gewißheit gefunden.

Ich ersuche dich, der du noch keinen Frieden hast, kläre auch du diese Frage. Bringe sie jetzt in Ordnung. Die Entscheidung liegt bei dir: ob du einmal bei den Heiligen Gottes, den Märtyrern und Propheten sein wirst oder in den Abgründen der Hölle, in der ewigen Verdammnis. Eile und sei weise, denn *„wie wollen wir entrinnen, wenn wir ein solches Heil nicht achten?"* Hebräer 2, 3.

Als ich eines Tages in Chikago gerade eine Versammlung schließen wollte, stand ein junger Soldat auf und ersuchte die anwesenden Zuhörer, sich doch ohne Verzug sogleich für Christus zu entscheiden. Er berichtete, daß er kürzlich Zeuge eines sehr schmerzlichen Erlebnisses geworden sei. Ein Kamerad, mit dem er ins Heer eingetreten war, wurde von seinem Vater immer wieder gebeten, sein Leben Christus zu übergeben und Ihn als seinen persönlichen Heiland anzunehmen. Stets hatte dieser Kamerad geantwortet, er werde es tun, wenn der Krieg beendet sei. Eines Tages wurde er schwer verwundet und kam in ein Krankenhaus. Sein Zustand verschlimmerte sich sehr rasch; er verfiel zusehends. Einige Stunden vor dessen Tod kam ein Brief von seiner Schwester. Er konnte ihn leider nicht mehr selbst lesen, denn er lag größtenteils ohne Bewußtsein. Ein Kamerad las ihm die Zeilen vor, doch schien der Sterbende nichts mehr zu hören. Als er an den letzten Satz kam: „O mein lieber Bruder, wenn du diesen Brief erhältst, willst du dann nicht den Heiland deiner Schwester annehmen?", schnellte der Sterbende von seinem Bett hoch und rief: „Was sagst du?" Doch dann fiel er auf seine Kissen zurück und hauchte nur noch schwach: *„Es ist zu spät!"*

Mein lieber Freund, danke Gott, daß es *heute* für dich noch *nicht zu spät* ist. Der Herr ruft dich. Möge doch jeder, der Christus noch nicht als seinen Erlöser und Herrn angenommen hat, es *sogleich tun.* Jesus Christus will alle deine Sünden hinwegnehmen. Warte nicht länger auf Gefühle, sondern gehorche sofort. Du kannst glauben, du kannst vertrauen – wenn du willst. Willst du es nicht jetzt tun?

MUT UND STANDHAFTIGKEIT

Der Prophet Nehemia

Haben wir uns schon einmal eingehend mit dem Propheten Nehemia befaßt? Wir empfangen manche Hilfe von diesem ausgezeichneten Mann, der ein großes Werk vollbrachte. Er war einer der letzten Propheten des Alten Bundes. Man nimmt an, daß er ein Zeitgenosse Maleachis gewesen ist, und vielleicht ist sein Buch sogar eines der zuletzt geschriebenen des Alten Testamentes. Es ist möglich, daß er Daniel gekannt hat, denn seine Jugend fiel in die späten Jahre dieses hervorragenden und gottesfürchtigen Staatsmannes. Alles in allem darf man sicher sein: Nehemia war ein Mann von hohen geistlichen Werten. Obwohl er am persischen Hof inmitten von Götzendienern herangewachsen war, hatte er dennoch ein durch Gnade gefestigtes Herz, das allen Versuchungen standhielt.

Beachte sein Gebet, in dem er Israels Abfall von Gott bekennt. Es mag nötig sein, daß auch wir zuerst irgendwelche Dinge bekennen müssen, ehe wir in enge Gemeinschaft mit Gott gelangen können. Ich zweifle nicht, daß viele Christen hungern und dürsten nach einer persönlichen Segnung und großes Verlangen haben, Gott näherzukommen. Wenn das die Sehnsucht auch deines Herzens ist, so halte dir vor Augen, daß du nicht eher Gottes Segen empfangen kannst, als bis du alle Hindernisse beseitigt hast, die dem im Wege stehen. Wir müssen mit Gott zusammenarbeiten. *Wenn irgendeine Sünde in meinem Herzen ist, die ich nicht aufgeben will, dann brauche ich gar nicht erst zu beten.*

Nehmen wir an, wir würden eine festverschlossene Flasche unter die Niagarafälle stellen: Nicht ein einziger Tropfen jener gewaltigen Wasserfülle würde in die Flasche eindringen können. Genauso ist es mit meinem Herzen. *Wenn da eine Sünde wohnt, die ich nicht aufgeben will, dann brauche ich gar nicht erst einen Segen zu erwarten.*

Die Menschen, denen Gott Vollmacht geschenkt hat, haben stets mit dem Bekennen ihrer Sünden begonnen. Sieh dir nur die Gebete Jeremias und Daniels daraufhin an. Wir stellen fest, daß Daniel zuerst seine Sünde bekennt, obwohl keine einzige Sünde von ihm berichtet wird. Dennoch bekennt er seine und die Sünden seines Volkes. Und David? Auch er bekennt seine Sünden. So ist es denn gut für uns, ebenso zu beginnen, wie Nehemia begonnen hat.

Hanani, der Bruder Nehemias, war mit einigen Männern aus Juda an den persischen Hof gekommen, vielleicht um in irgendeiner Sache den König zu sprechen. Nehemia, der beim König in hoher Gunst stand, traf sie und erkundigte sich bei ihnen nach seinem Land. Er liebte nicht nur seinen Gott, er liebte auch sein Land.

Ich freue mich, wenn ich Menschen begegne, die ihre Heimat lieben. Ein solcher war Nehemia, dem sein Volk und Jerusalem sehr am Herzen lagen, obwohl er die Stadt selbst vielleicht nie gesehen hatte. Nehemia war kein jüdischer Prinz, obgleich vermutet wird, daß er von königlichem Geblüt war. In der Gefangenschaft war er geboren worden, etwa hundert Jahre nach der Einnahme Jerusalems. Er war am Hofe Artaxerxes des Königs Mundschenk und hatte dadurch eine hohe Stellung inne. Dennoch trug er Verlangen, von seinem Ursprungsland zu hören.

Als diese Männer ihm den Zustand der Stadt schilderten, deren Mauern und Tore niedergerissen und noch nicht wieder aufgebaut waren, und von der großen Not des Volkes berichteten, das in Ungemach und Erniedrigung leben mußte, da begann sein patriotisches Herz zu brennen. Die Bibel schildert uns, daß er fastete, betete und weinte, und das nicht nur eine Woche oder einen Monat, nein, er blieb in ständigem Gebet. Es heißt von ihm, daß er „Tag und Nacht" betete (Nehemia 1, 6). Bei seinen vielen Pflichten konnte er selbstverständlich nicht fortwährend auf den Knien liegen, aber in seinem Herzen weilte er immerzu vor dem Thron der Gnade. Ohne die neutestamentliche Aufforderung zu kennen: *„Betet ohne Unterlaß!"*, kam er ihr doch nach. Er begann das große Werk im Gebet, er setzte es auch so fort, und die letzten Worte, die von Nehemia berichtet werden, sind nochmals ein Gebet.

Es war im November oder Dezember, als jene Männer am Hof eintrafen. Nehemia aber betete seitdem ohne Unterlaß für sein Volk, ehe er im März oder April darüber zum König sprach.

Wenn eine erbetene Segnung nicht heute kommt, dann höre nicht auf zu beten. Und wenn sie morgen nicht kommt, dann bete noch heftiger. Wenn sie auch dann nicht kommt, halte an am Gebet, du wirst nicht enttäuscht werden. Gott im Himmel hört deine Gebete und wird zu Seiner Zeit antworten. Er hat noch nie jemand im Stich gelassen, der ehrlich vor Ihn getreten ist und Ihm sein Anliegen vorgetragen hat. Laß deinen Glauben Geduld hervorbringen. „Gott hastet nicht", sagte Augustin, „weil Ihm für Sein Werk die ganze Ewigkeit zur Verfügung steht."

Das Gebet

dieses wunderbaren Mannes Nehemia, sein Schreien zu Gott, das in Nehemia 1 aufgezeichnet ist, hat sicher schon ungezählten Menschen eine große Hilfe werden dürfen:

„Ach, Herr, Gott des Himmels, großer und schrecklicher Gott, *der da hält den Bund und die Treue denen, die Ihn lieben und Seine Gebote halten!* Laß doch Deine Ohren aufmerken und Deine Augen offen sein, daß Du das Gebet Deines Knechtes hörst, das ich jetzt vor Dir bete Tag und Nacht für die Kinder Israel, Deine Knechte, und bekenne die Sünden der Kinder Israel, *die wir an Dir getan haben;* und ich und meines Vaters Haus haben auch gesündigt. *Wir haben übel an Dir getan,* daß wir nicht gehalten haben die Gebote, Befehle und Rechte, die Du geboten hast Deinem Knecht Mose. Gedenke aber doch des Wortes, das Du Deinem Knecht Mose gebotest und sprachst: Wenn ihr euch versündigt, so will ich euch unter die Völker zerstreuen. *Wenn ihr euch aber zu mir bekehrt und meine Gebote haltet und sie tut,* so will ich, auch wenn ihr versprengt wäret bis an des Himmels Ende, euch doch von da sammeln und will euch bringen an den Ort, den ich erwählt habe, damit mein Name dort wohne. *Sie sind ja doch Deine Knechte und Dein Volk, das Du erlöst hast durch Deine große Kraft und Deine mächtige Hand.* Ach, Herr, laß Deine Ohren aufmerken auf das Gebet Deines Knechtes und auf das Gebet Deiner Knechte, die von Herzen Deinen Namen fürchten. Und laß es Deinem Knecht heute gelingen und gib ihm Gnade vor diesem Mann!" Nehemia 1, 5-11.

Ich habe keine Ahnung, ob Nehemia daran dachte, als er zu beten anfing, daß er selbst das Werkzeug in Gottes Hand sein könnte. Aber wenn ein Mensch in Gleichklang und Übereinstimmung mit Gott kommt, dann bereitet Gott ihn für das Werk zu, für das Er ihn beauftragen will. Es liegt nahe, anzunehmen, daß Nehemia gedacht hat, der persische König würde einen seiner großen Feldherrn senden und ihn mit einem großen Heer das Werk ausführen lassen. Nachdem Nehemia aber monatelang gebetet hatte, stieg vielleicht auch in ihm der Gedanke auf: „Warum sollte *ich nicht selbst* nach Jerusalem gehen und die Mauern der Stadt wieder aufbauen?"

Wir erkennen hieraus: Durch das Gebet für eine Arbeit entsteht bald eine innere Anteilnahme, die zur praktischen Mitarbeit führt.

Beachte, daß es Nehemia keine Kleinigkeit bedeutete, den Palast von Susa und sein hohes Amt aufzugeben und sich den verachteten und gefangenen Juden gleichzustellen. Er zählte zu den höchsten Würdenträgern des Königreiches. Doch nicht allein das: er war reich und hatte ein ruhiges, angenehmes Leben und dazu großen Einfluß am Hofe. Nach Jerusalem zu gehen und seine gesellschaftliche Stellung aufzugeben, war ungefähr dasselbe, was Mose tat, als er dem Palast des Pharaos den Rücken kehrte und sich mit den hebräischen Knechten zusammentat. Hätten sie es nicht getan, ich glaube, wir hätten

nie von ihnen gehört.

Sie erniedrigten sich selbst und wurden deshalb von Gott gesegnet. *Gott wird auch dich segnen, wenn du bereit bist, dich zu erniedrigen.* Plato, Sokrates und andere griechische Philosophen lebten im gleichen Jahrhundert wie Nehemia. Wie wenige haben von ihnen gehört und ihre Schriften gelesen, verglichen mit den Millionen, die in den vergangenen zweitausend Jahren von Nehemia gehört und gelesen haben.

Wenn du und ich in dieser Welt gesegnet sein wollen, dann müssen wir bereit sein, jede Stellung anzunehmen, in die Gott uns hineinruft.

Nachdem Nehemia eine Zeitlang gebetet hatte, begann er, Gott zu bitten, der Mann sein zu dürfen, der die Mauern Jerusalems wieder aufbaue. Eines Tages bemerkte der König, daß das Gesicht Nehemias traurig aussah.

Die Erfahrung hat mich gelehrt, daß viel aufrichtiges, ernstliches Gebet und Fasten

den Gesichtsausdruck eines Menschen verändern.

Ich kenne einige gottesfürchtige Männer und Frauen, für die das zutrifft. Sie scheinen den Abdruck des Himmels auf sich zu tragen. Traurigkeit würde ich es aber nie nennen.

Der König jedenfalls stellte einen seltsamen Blick an Nehemia fest und fragte ihn nach dem Grund. Mit großer Furcht teilte Nehemia dem König mit, was ihn bekümmerte: wie sehr sein Volk herabgewürdigt sei und wie ihn das Herz nach seinem Land hinziehe. Nachdem er so dem König sein Herz ausgeschüttet hatte, fragte dieser: „Was begehrst du denn?" Nehemia 2, 4.

Ehe Nehemia antwortete, betete er (Nehemia 2, 4). Manche Menschen erklären, sie hätten keine Zeit zum Beten. Ich aber sage dir: Wenn jemand Gottes Werk am Herzen liegt, dann findet er immer Zeit zum Beten. Nehemia

betete still für sich

in der Gegenwart des Königs und bat Gott, daß Er ihm helfen möge, sein Anliegen in der rechten Weise vorzubringen. Er schaute zuerst über Artaxerxes hinaus zum König aller Könige.

Du brauchst gar keine langen Gebete zu sprechen. – *Ein Mensch, der persönlich viel betet, wird in der Öffentlichkeit kurz beten.*

Der Herr ließ Nehemia wissen, was er bitten sollte. Und so sprach er zum König: „Wenn es dem König recht ist und dein Knecht Gnade gefunden hat vor dir, so laß mich doch nach Juda reisen, in die Stadt, wo meine Väter begraben sind, damit ich sie wieder aufbaue." Er bat ihn, daß er ihm Briefe an die Statthalter mitgeben wolle, durch deren Provinzen er ziehen würde, damit er eine ersprießliche Reise hätte und die Mauern seiner Stadt wieder aufbauen könnte.

Gott hatte den König zubereitet, denn er gewährte ihm die Bitte sofort, und nicht lange danach befand sich Nehemia schon auf dem Weg nach Jerusalem, zusammen mit Hauptleuten und Reitern, die der König ihm zur Seite gegeben hatte.

Als er die Stadt erreichte, zog kein Herold und keine Schar von Männern vor ihm her, die in die Trompeten gestoßen und verkündet hätten, daß der persönliche Mundschenk des großen persischen Königs gekommen sei, um die Mauern Jerusalems wieder aufzubauen.

Es gibt Menschen, die immerfort davon sprechen, was sie alles zu tun gedenken. Mann, laß das Werk für sich selbst sprechen! Es ist nicht nötig, in irgendein Horn zu blasen. *Geh und tu die Arbeit, und sie wird für sich selbst sprechen!*

Über Nehemia haben weder die Zeitungen geschrieben, noch waren Plakate in der Stadt angeschlagen, die von seinem Vorhaben berichtet hätten. Dennoch gab es nicht wenig Aufsehen. Ohne Zweifel sprach jedermann in der Stadt darüber. Es hieß, eine bedeutende Persönlichkeit vom persischen Hof sei gekommen. Nehemia weilte jedoch drei Tage und drei Nächte dort, ohne jemand mitzuteilen, wozu er gekommen war.

Eines Nachts ging er hinaus, um die Stadt zu besichtigen. Er konnte sie nicht umreiten. Er versuchte es, aber es gelang ihm nicht; also ging er zu Fuß. Das war eine schwierige Aufgabe, aber er war nicht entmutigt. Das zeichnet seinen Charakter aus.

Menschen, die auf ein schwieriges Arbeitsfeld gehen, Ausdauer und Gelingen haben – das sind diejenigen, die wir brauchen. Viele schauen nach bequemen und leichten Plätzen aus, doch die Welt wird von ihnen nie hören. Wir brauchen Menschen, die bereit sind, in die dunkelsten Winkel der Erde zu gehen, und die diese finsteren Plätze zu blühenden Gärten verwandeln. Sie können das, wenn der Herr mit ihnen ist.

Alles sah für Nehemia düster aus. Die Mauern waren niedergerissen. Es gab unter dem Volk keinen einflußreichen Mann, einen Mann von Kultur oder Wohlstand. Die Völkerschaften der Umgebung schauten verächtlich auf diese armseligen, unbedeutenden Juden herab. Ja, alles schien gegen Nehemia zu sein. Aber er war ein Mensch, der das *Feuer Gottes* in seiner Seele hatte. Er war gekommen, die Mauern Jerusalems wieder aufzubauen. Wenn du ein Loch in seinen Kopf hättest bohren können, du würdest auf seinem Hirn den Namen „Jerusalem" eingestempelt gefunden haben. Wenn du in sein Herz hättest sehen können, du würdest auch dort den Namen „Jerusalem" gefunden haben. Gott selber hatte Nehemias Herz für Jerusalem entzündet. Und nun konnte er in heiligem Ernst für dieses hohe Ziel entbrennen.

Ich freue mich, wenn ich einen Menschen sehe, der eine Sache mutig aufnimmt und sagt: „Ich will es tun; ich lebe für diese Sache; ich fühle mich ihr verpflichtet!" Wir zersplittern uns oft zu sehr und versuchen so vielerlei zu tun. Die Folge ist, daß

wir nur spärlich säen,

daß es kaum jemals etwas Rechtes zu ernten gibt und daß die Welt nie von uns hören wird.

Nachdem sich Nehemia drei Tage und Nächte in der Stadt aufgehalten hatte, rief er die Ältesten von Israel zusammen und sagte ihnen, weswegen er gekommen war. Gott hatte sie darauf innerlich schon vorbereitet; denn in dem Augenblick, als Nehemia es ihnen mitteilte, sprachen sie: „Auf, laßt uns bauen!" Nehemia 2, 18.

Nun ist seit Adams Fall aber noch kein Werk für Gott unternommen worden, das nicht auf Widerstand gestoßen wäre. Wenn Satan uns unbehelligt arbeiten läßt, dann dürfen wir dessen gewiß sein, daß unsere Arbeit keinen Einfluß hat.

Das erste, was wir lesen, nachdem der Beschluß zum Wiederaufbau der Mauern gefaßt war, ist: „Als das aber Sanebal-lat, der Horoniter, und Tobia, der ammonitische Knecht, und Gesem, der Araber, hörten, verspotteten und verhöhnten sie uns und sprachen: Was ist das, was ihr da macht? Wollt ihr von dem König abfallen?" Nehemia 2, 19.

Diese Männer waren sehr verärgert, denn sie hatten nichts übrig für die Wohlfahrt Jerusalems.

Wer waren sie? – Eine zusammengewürfelte, gemischte Schar, die weder Teil noch Recht am Gedächtnis Jerusalems hatte. Sie sahen es nicht gern, daß aus den Trümmern wieder eine Mauer erstehen sollte, wie es ja auch noch heute genug

Menschen gibt, die es nicht gern sehen, wenn die Sache Gottes vorangeht.

Es dauert nicht sehr lange, die Mauern einer Stadt aufzubauen, wenn alle Leute sich daran beteiligen. So war es auch in Jerusalem. Alle Juden legten Hand an bei der Instandsetzung der Mauer. Jeder baute gegenüber seinem Hause: Priester und Kaufmann, Goldschmied und Apotheker, und sogar die Frauen halfen mit. Auch von Jericho und aus anderen Städten kamen die Männer, um mitzuhelfen. So wuchsen die Mauern Jerusalems zusehends.

Das reizte die Feinde Nehemias. Sie wurden zornig und fingen an zu spotten.

Spott

ist eine mächtige Waffe. – „Was machen die ohnmächtigen Juden?" sagte Saneballat vor den Mächtigen zu Samaria. „Wird man sie gewähren lassen? Werden sie es mit Opfern einweihen? Werden sie es in diesen Tagen schon vollenden? Werden sie aus dem Schutthaufen die Steine lebendig machen, die doch verbrannt sind?" Nehemia 3, 34.

„Laß sie nur bauen; wenn ein Fuchs auf ihre steinerne Mauer hinaufspringt, reißt er sie ein", spottete Tobia, der Ammoniter (Nehemia 3, 35).

Nehemia war weise. Er schenkte ihren Reden keine Beachtung. Er sah einfach im Gebet zu Gott auf und empfing Gnade und Trost.

„Höre, unser Gott, wie verachtet wir sind! Laß ihren Hohn auf ihren Kopf kommen, daß Du sie der Plünderung preisgibst in einem Land, in das man sie gefangen führt. Decke ihre Missetat nicht zu, und ihre Sünde tilge nicht vor Dir, denn sie haben vor den Bauleuten Dich gelästert" Nehemia 3, 36.37.

Junger Mann, wenn du in dieser Welt zur Ehre des Herrn erfolgreich sein willst, dann mache dir nichts aus Saneballat oder Tobia. Laß dich nicht vom Reich Gottes und der dir vom

Herrn aufgetragenen christlichen Arbeit fernhalten durch die Verachtung, den Spott und das Gelächter gottloser Nachbarn und Mitmenschen!

Als nächstes verschwörten sich diese Feinde Israels. Sie taten sich zusammen, um gegen Jerusalem zu streiten.

Nehemia wurde gewarnt und traf unter erneutem Gebet Vorkehrungen zum Schutz der Stadt und ihrer Einwohner. Die eine Hälfte der Leute stand Wache, die andere Hälfte hielt das Schwert in der einen und die Kelle in der anderen Hand. *Für keinen von ihnen gab es einen*

Achtstunden-Arbeitstag.

Sie waren am Werk oder auf Posten, vom Aufgang der Morgenröte, bis die Sterne hervortraten. – War es nicht auffallend? Ein Mann, der vom persischen Königshof kam, wo er allen nur erdenklichen Luxus gehabt hatte, der lebte und schlief jetzt zweiundfünfzig Tage und Nächte, ohne je seine Kleider auszuziehen! Wie kam er dazu? Es war ihm ernst mit seinem Vorhaben. *Das ist es, was wir auch heute brauchen: Menschen, die sich einer Sache ganz hingeben und Tag und Nacht daran bleiben.*

Das gesamte Volk wurde aufgefordert, innerhalb der Stadt zu wohnen, damit ein jeder stets zur Hand wäre, um zu arbeiten oder zu kämpfen (Nehemia 4, 16).

Ach, könnten wir doch alle, die zur Gemeinde Jesu Christi gehören, dahin bringen, daß sie kommen und mitarbeiten würden. „Glücklich die Gemeinde", hat einmal jemand gesagt, „deren Arbeiter geschickt sind im Gebrauch der Heiligen Schrift, damit sie, während sie eifrig die Evangeliumsmauer bauen, auch erfolgreich kämpfen können, wenn dazu Anlaß gegeben ist." Wir müssen alle zu jeder Zeit bereit sein, das Schwert des Geistes zu gebrauchen.

Als die Feinde erfahren hatten, daß der Mauerbau bald vollendet sein würde, sandten sie einen freundlichen Brief an

Nehemia. Sie wollten, daß er ins Tal Ono hinabkäme und sich mit ihnen in Erörterungen einließe. – Es ist ein

Meisterstück des Teufels,

die Menschen in freundschaftliche Diskussionen zu verwikkeln. Ich weiß nicht, ob Nehemia einen Schreibgehilfen hatte oder ein besonderes Briefformular benutzte – jedenfalls sandte er stets die gleiche Antwort: „*Ich habe ein großes Werk auszurichten, ich kann nicht hinabkommen*" Nehemia 6, 3.

So manche Kirche hat sich auf Jahre darauf verlegt, „Tagesfragen" zu diskutieren. Darüber hat sie die Errettung der Menschen vernachlässigt; sie ging in das Tal Ono hinab, um freundschaftliche Diskussionen zu pflegen! Nehemia schlug einen guten Grundton an: „Ich habe ein großes Werk auszurichten, ich *kann nicht* hinabkommen." Wenn Gott dich gesandt hat, die Mauern Jerusalems aufzubauen, dann *gehorche, geh und tu es!*

Jene Männer schickten ihm einen zweiten Brief. Wieder sandte Nehemia als Antwort: „*Ich habe ein großes Werk auszurichten, ich kann nicht hinabkommen.*" Er traute diesen Leuten nicht. Doch sie gaben nicht auf und ließen ihm erneut eine Einladung zukommen. Nehemia antwortete in der gleichen Weise. Sie wagten es, ein viertes Mal nach ihm zu senden, doch auch diesmal war das Ergebnis nicht anders. Sie bekamen Nehemia nicht hinunter ins Tal. Ihre Absicht war es nämlich, ihn unterwegs zu erschlagen.

Ich habe schon viele Christen im Tal von Ono gesehen: Männer, die eine vorzügliche Arbeit leisteten, sich dann aber ablenken ließen. Denken wir nur daran, wieviel Arbeit beispielsweise versäumt worden ist durch das Hinüberwechseln in die Politik oder das Erörtern der Frauenrechte. (Beden ken wir, daß Moody diese letztere Aussage vor vielleicht 100 Jahren gemacht hat. Was würde er heute sagen, wo so viele Brüder und Schwestern sich um politische Ämter bemühen und entgegen der biblischen Mahnungen zur Absonderung sogar als Mitglieder in politischen Parteien aktiv mitarbeiten?) Welche Tragik, wenn schließlich sogar christliche Werke zum Diskutieren so mancher Gegenstände übergehen, anstatt einer verlorenen Welt Christus zu verkündigen. Wenn die Kirche bloß dabei bleiben und die Mauern Jerusalems aufbauen würde, sie wären bald aufgerichtet.

Oh, wir haben es mit einem gerissenen Satan zu tun! Wenn er die Kirche dahin bringen kann, daß sie über alle nur möglichen Fragen diskutiert, dann ist einer seiner Wünsche erfüllt.

Nehemia erhielt einen weiteren Brief von seinen Feinden, einen offenen Brief, in dem sie schrieben, daß sie gehört hätten, er habe die Absicht, König zu werden und ein Königreich gegen die Perser aufzurichten. Das würde ohne Frage auch vor den König Artaxerxes kommen.

Nehemia ließ sich nicht bange machen. Er befahl sich dem Herrn an und baute weiter.

Als die Feinde merkten, daß sie so nicht weiterkamen, dingten sie einen Propheten aus der Stadt. Mit hundert Feinden draußen ist leichter fertig zu werden als mit einem einzigen Feind drinnen, einem falschen Freund. Wenn der Teufel sich eines Gotteskindes bemächtigt, dann wird dieses die böse Arbeit besser tun als der Teufel selbst. Versuchungen sind nie so gefährlich, als wenn sie im religiösen Gewand zu uns kommen.

So kauften sich Tobia und Saneballat einen der Propheten von Jerusalem. Er sollte Nehemia überreden, in den Tempel zu gehen. Dort wollten sie ihn dann umbringen. Der falsche Freund sagte zu Nehemia: „Gegen dich ist eine Verschwörung im Gange. Du sollst ermordet werden. Komm in den Tempel, und laß uns dort die Nacht verbringen."

Dieses bedeutete für Nehemia bestimmt eine mächtige Versuchung und Gefahr, sich täuschen zu lassen, doch dann sagte er: „Sollte ein solcher Mann fliehen? Sollte ein solcher Mann, wie ich bin, in den Tempel gehen, daß er lebendig bleibe? Ich will nicht hineingehen!" Nehemia merkte, daß dieser Mann ein falscher Prophet war. Er blieb fest und widerstand der Versuchung. So gelang es, die Mauern Jerusalems in zweiundfünfzig Tagen zu erstellen. Danach wurden die Tore eingesetzt. Die Arbeit war vollendet.

Jahrhunderte hindurch ist diese Geschichte erzählt worden. Wäre Nehemia am Hofe geblieben, so hätte er dort wohl als Millionär sterben können, aber schon zwanzig Jahre nach seinem Tod hätte kaum noch jemand von ihm gewußt. Kennst du die Namen von Ninives Millionären? Dieser Mann verließ seine hohe Stellung und nahm eine sehr geringe ein – eine Stellung, auf die die damalige hohe Welt verständnislos herabblickte.

Junger Mann, wenn du „unsterblich" werden willst, so mache dich eins mit Gottes Werk und schenke dem keine Beachtung, was die Menschen draußen sagen. – Nehemia und seine Mitarbeiter begannen bei Sonnenaufgang und arbeiteten, bis es dunkel wurde und sie nichts mehr sahen. – Ein Mensch, der Gottes Werk aufnimmt und sich mit allen seinen Gaben und Kräften dafür einsetzt, der wird eine reiche Ernte haben, und die Kunde davon wird leuchten, auch wenn er schon in die andere Welt hinübergegangen ist.

Das nächste, was wir von Nehemia erfahren, ist, daß er eine große

Versammlung im Freien

anberaumte, auf der das Gesetz Mose dem Volk vorgelesen werden sollte. Eine Rednertribüne wurde errichtet, groß genug, daß Esra, der Schriftgelehrte, und dreizehn andere darauf Platz fanden.

Das Volk weinte, als es die Worte des Gesetzes hörte, doch Nehemia sagte: *„Seid nicht traurig und weinet nicht! Geht hin und esset das Fette und trinket das Süße und sendet denen auch Teile, die nichts für sich bereitet haben; denn die-*

ser Tag ist heilig unserem Herrn. Und bekümmert euch nicht; denn die Freude am Herrn ist eure Stärke" Nehemia 8, 9.10.

Er vergaß die Armen nicht. Die Bibel lesen und der Armen gedenken – also eine *Verbindung von Glaube und Werken* – muß stets zusammengehören.

Nehemia begann sodann, die Stadt zu regieren und die Mißstände, die er wahrnahm, abzustellen. Er versammelte ungefähr fünfzig Priester und Schriftgelehrte und ließ sie einen geschriebenen Vertrag unterzeichnen und versiegeln. Auf fünf Punkte dieses Vertrages möchte ich besonders aufmerksam machen.

Erstens *sollten sie ihre Töchter den Heiden nicht zur Ehe geben und keine Töchter der Heiden für ihre Söhne nehmen* (Nehemia 10, 31).

Viele Israeliten hatten das Gesetz Gottes gebrochen und ihre Töchter an die Gottlosen verheiratet und heidnische Töchter für ihre Söhne genommen, obwohl es ihnen verboten war, sich mit den heidnischen Stämmen im Lande Kanaan durch Heirat zu verbinden: „Denn sie werden eure Söhne mir abtrünnig machen, daß sie anderen Göttern dienen; so wird dann des Herrn Zorn entbrennen über euch und *euch bald vertilgen"* 5. Mose 7, 4.

Ich habe so manchen Mann gekannt, der seiner geistlichen Kraft verlustig ging, weil er sich mit Gottlosen verband. Wenn du willst, daß der Segen Gottes auf dir ruhen soll, dann mußt du sehr achtsam sein in bezug auf deine Verbindungen. Die Juden gerieten stets in Unannehmlichkeiten und mißliche Lagen, wenn sie sich mit anderen Völkern durch Heirat verbanden. Sowohl bei Ahab als auch bei Salomo hatte gerade diese Mißachtung des göttlichen Gebots den Verlust und Verfall eines großen Teiles des Reiches zur Folge. Und ebenso war das die Ursache des Niedergangs bei David. Familien, die Ehen wegen des Reichtums schließen und den Gottesfürchtigen dem Gottlosen geben, werden dadurch stets Leid und Unglück heraufbeschwören.

Als nächsten Punkt ließ Nehemia festhalten, daß niemand am *Sabbat* irgend etwas kaufen sollte (Nehemia 10, 32).

Stell dir vor: Ein Mann, der von einem heidnischen Königshof kommt, wo kein Sabbat gehalten wird, der also in einer ganz anderen Atmosphäre großgeworden ist, der verschafft dem Gesetz Moses in Jerusalem wieder Geltung. Wir lesen, daß Fischverkäufer in die Stadt hineinwollten, um ihre Ware loszuwerden, doch Nehemia ließ sie nicht hinein, weil es Sabbat war. Die Fische verdarben. Nachdem sie es immer wieder vergeblich versucht hatten, gaben sie es endlich auf. – *Wenn du ohne Abstriche Christ bist und vielleicht ganz allein dastehst, so wird es gar nicht lange dauern, und andere werden sich zu dir stellen.*

Ich glaube nicht, daß in einem Land eine rechte Atmosphäre herrschen wird, solange nicht Männer da sind, die Rückgrat genug besitzen, um gegen Dinge aufzustehen, von denen sie glauben, daß sie falsch sind, und seien es Bräuche, die sich seit Hunderten von Jahren eingewurzelt haben. Nimm dessenungeachtet Stellung gegen sie, wenn du der Überzeugung bist, sie seien falsch. Wenn du beispielsweise an einer Zusammenkunft teilnimmst, auf der scharfe Getränke angeboten werden, und du hast dich der Enthaltsamkeit verpflichtet, dann lehne sie ab.

Vor einigen Jahren fragte mich einmal ein Mann: „Herr Moody, muß ich jetzt, da ich bekehrt bin, die Welt aufgeben?"

Ich antwortete ihm: „Nein, Sie brauchen die Welt gar nicht erst aufzugeben. Wenn Sie nämlich ein wohlklingendes Zeugnis für den Sohn Gottes sind, *wird die Welt Sie ihrerseits ziemlich schnell aufgeben;* man wird Sie einfach nicht mehr dabeihaben wollen."

In Chikago war eine große Feier zur Eröffnung eines Lokals im Norden der Stadt vorgesehen, wo auch ich wohnte. Es versprach, eines der schlimmsten Lokale von Chikago zu werden, ein Tor zur Hölle. Aus Ulk hatte man mir eine Einladung zu der Eröffnungsfeier geschickt. Ich steckte die Einladung in die Tasche und ging hin, um die beiden Männer, denen das Lokal gehörte, aufzusuchen. Als ich sie dort antraf, fragte ich:

„Ist das eine richtige Einladung?"

Sie bestätigten es.

„Danke", sagte ich. „Ich werde zur Stelle sein, und wenn da irgend etwas ist, was mir nicht gefällt, kann es gut sein, daß ich darüber etwas sagen werde."

Sie riefen: „Sie beabsichtigen doch etwa nicht, zu sprechen?"

„Natürlich. Warum nicht?" antwortete ich.

„Das möchten wir aber nicht. Wir werden Sie nicht hereinlassen", erklärte einer der Männer.

„Wie wollen Sie das anstellen?" gab ich zurück. „Ich habe doch eine gültige Einladung."

„Wir werden einen Polizisten an der Tür aufstellen."

„Was wird der Polizist dann mit meiner Einladung machen?" fragte ich zurück.

„Ach, wir lassen Sie ganz einfach nicht herein", gab man mir unwirsch zur Antwort.

„Na schön", sagte ich, „ich werde auf alle Fälle dasein."

Ich hatte ihnen einen ganz gehörigen Schrecken eingejagt. Bevor ich ging, schlug ich ihnen vor: „Nun, ich will die Sache beilegen, wenn Sie mit mir niederknien und mich mit Ihnen beten lassen."

Tatsächlich knieten die beiden Männer neben mir nieder, einer zur Linken, der andere an meiner rechten Seite. Ich bat Gott, ihre Seelen zu retten und ihr Geschäft eingehen zu lassen. Einer von ihnen hatte eine christliche Mutter und schien daher noch ein Stück christliches Gewissen übrigbehalten zu haben. Nachdem ich gebetet hatte, sagte ich: „Wie können Sie nur ein solches Geschäft betreiben! Wie können Sie ein Lokal aufmachen, in dem Chikagos junge Männer verdorben werden!"

Innerhalb von drei Monaten flog die ganze Sache auf, und einer dieser Männer bekehrte sich. Ich bin seitdem nie mehr in ein derartiges Lokal eingeladen worden.

Wenn du in eine Gesellschaft kommst, in der getrunken wird: Stehe auf und gehe weg! Beteilige dich nicht daran. Wenn du auf irgend etwas stößt, das deine Mitmenschen verdirbt, kämpfe dagegen bis zuletzt.

Nehemia sagte: „Wir wollen nicht die Sabbatentweihung!"

Wie viele Menschen denken heute gar nicht mehr an Sonntagsheiligung. Ist es da ein Wunder, daß es allgemein an geistlicher Kraft fehlt? Und das Traurige ist, daß es für so viele nicht mehr das Geringste bedeutet, ein Christ zu sein. *Was wir brauchen, sind Christen, die sich selbst verleugnen, die klare biblische Grundsätze vertreten. Wenn wir geistliche Kraft und Vollmacht haben wollen, dann müssen wir uns von der Welt absondern.*

Das nächste, wozu Nehemia sein Volk verpflichtete, war, auf Abgaben jeder Art in dem siebten Jahr zu verzichten. Das bedeutete auch, *in jedem siebten Jahr das Land brachliegen zu lassen* (Nehemia 10, 32).

Vierhundertneunzig Jahre hatten sie ihr Land nicht ruhen lassen. Also ließ Gott sie für die Dauer von siebzig Jahren nach Babylon fortführen. In dieser Zeit ruhte auch das Land. Ein Mensch, der sieben Tage in der Woche durcharbeitet, ist etwa fünf bis zehn Jahre früher verbraucht. Man kann Gott nicht berauben. Nehemia ließ sein Volk geloben, dieses Gebot Gottes zu halten. Wenn alle Nationen der Erde es ebenso beachten würden, die Wahrheit Gottes wäre schon längst bis an die vier Enden der Erde gedrungen.

Nach dieser Verpflichtung ließ Nehemia die Fürsten, Leviten und Priester unterschreiben, daß sie *keinen Wucher treiben wollten;* denn durch Wucher wurden die Armen zugrunde gerichtet (Nehemia 10, 32). Es gibt auch heute Wucher, und wir wissen, wohin er führt.

Als fünftes wurde das Volk verpflichtet, *alle Erstlinge den*

Priestern zu bringen (Nehemia 10, 36ff.). Den Zehnten von allem sollten sie Gott geben. Solange Israel danach tat, gedieh es; wandte es sich aber von diesem Gesetz ab, kam es in Not und Schwierigkeiten. Wir können uns in der Geschichte umsehen und werden es bestätigt finden: solange die Menschen Gottes Gebote in aufrichtigem Gehorsam halten und Sein Zeugnis respektieren, werden sie gesegnet sein. Wenden sie sich jedoch davon ab, so büßen sie wie Simson ihre Stärke ein und sind kraftlos.

So ist es auch bei uns: Wenn wir diese fünf Anordnungen beachten und uns danach richten, werden wir Gedeihen haben und von Gott gesegnet sein. In dem Augenblick aber, da wir anfangen, Gott an Zeit oder Gaben zu berauben, die Ihm zustehen, werden Verwirrung, Leiden und Unglück über uns kommen.

GEWUSST – UND DOCH VERPASST

Herodes und Johannes der Täufer

Wenn mir vor Jahren jemand gesagt hätte, Herodes sei zu einer Zeit seines Lebens dem Reiche Gottes nahe gewesen, würde ich das sehr wahrscheinlich bezweifelt haben. Vielleicht hätte ich darauf geantwortet: „Ich kann mir nicht vorstellen, daß dieser blutdürstige Wicht, der Johannes den Täufer enthaupten ließ, sich jemals in seinem Leben ernste Gedanken über seine Seele machte."

Diese Meinung hegte ich deshalb, weil ich einen bestimmten Sachverhalt im Leben des Herodes, der im Neuen Testament berichtet ist, bisher übersehen hatte.

Als ich vor einiger Zeit das Markus-Evangelium durchging und es eingehend studierte, fand ich nämlich folgenden Satz: „Herodes fürchtete den Johannes, denn er wußte, daß er ein gerechter und heiliger Mann war, und verwahrte ihn und gehorchte ihm in vielen Sachen und hörte ihn gern" Markus 6,20.

Dies brachte mich dazu, meine Ansicht über Herodes zu ändern. Ich erkannte, daß er nicht nur unter den Schall der Stimme des Johannes gekommen sein mußte, sondern darüber hinaus unter *die wirksame Kraft des Geistes Gottes.* Sein Herz war berührt und sein Gewissen aufgeweckt worden.

Es wird uns nicht mitgeteilt, unter welchen Umständen er Johannes gehört hat, jedoch sagt der Bericht eindeutig aus, daß er unter den Einfluß des wunderbaren Dienstes des Täufers gekommen ist. – Laßt mich nun zuerst ein paar Worte über

den Prediger

sagen. – Nach meinem Dafürhalten muß Johannes der Täufer einer der größten Prediger gewesen sein, den es je gegeben hat. Heutzutage kann beinahe jeder in einer Großstadt oder sonst an einem größeren Ort, wo die Menschen dicht beisammen wohnen, eine Zuhörerschaft finden. Schon gar, wenn er in einem schönen Gebäude spricht und ein repräsentativer Chor singt und wenn die Versammlungen vorher angekündigt und propagiert worden sind. Unter solchen Umständen wird jeder, der eine Gabe zum Sprechen hat, eine zahlreiche Zuhörerschaft zusammenbekommen.

Ganz anders war es bei Johannes. Seinetwegen zog das Volk aus den Städten und Dörfern hinaus in die Wüste. Da waren keine Mitarbeiter, die ihm halfen; keine Geschäftsleute und Industrielle, die ihn finanzierten; keine Reporter, die seine Predigten niederschrieben und durch die Zeitung verbreiteten. Er war ein unbekannter Mann und ein Mann ohne irgendwelche Titel vor seinem Namen. Weder war er Geistlicher Rat noch Pastor oder sonst etwas von dieser Art – er war einfach Johannes der Täufer. Und wenn jemand ihn fragte, wer er sei, so gab er zur Antwort: „Ich bin eine Stimme eines Predigers in der Wüste."

Er war nichts als eine Stimme: man hört sie, aber man sieht sie nicht – er war Herr Niemand. Er wußte sich als einen Boten, der seinen Auftrag aus der oberen Welt empfangen hatte.

Wie er seinen Dienst begann und wie er die Massen zusammenbrachte, darüber wird uns nichts mitgeteilt. Ich kann mir aber vorstellen, wie dieser Fremde eines Tages im Jordantal auftaucht, wo er ein paar Hirten findet, die ihre Herden hüten. Sie treiben die Schafe zusammen, und dann beginnt er, diesen Hirten zu predigen. Das Reich der Himmel, so sagt er, werde bald auf der Erde aufgerichtet werden. Er dringt in sie, ihr Leben in Ordnung zu bringen, Buße zu tun und von ihren Sünden umzukehren. Nachdem er seine Botschaft ausgerichtet hat, verheißt er ihnen, daß er am nächsten Tag wiederkommen und nochmals zu ihnen reden werde.

Als er dann in der Wüste verschwunden ist – so stelle ich mir vor –, meint einer der Hirten zu einem anderen: „War das nicht ein sonderbarer Mann? Hast du je einen Menschen gehört, der so gesprochen hat wie dieser? Er redet nicht, wie die Rabbis oder wie die Pharisäer oder Sadduzäer reden. Ich glaube wirklich, er muß einer der alten Propheten sein. Hast du bemerkt, daß sein Mantel aus Kamelhaaren verfertigt war und daß er einen ledernen Gürtel um seine Lenden trug? Sagt nicht die Schrift, daß Elia auf solche Weise gekleidet war?"

Ein anderer Hirte sagt: „Erinnert ihr euch auch: Maleachi schreibt doch davon, daß vor dem großen und furchtbaren Tag des Herrn Elia kommen wird? Ich möchte wirklich glauben, dieser Mann ist der Prophet vom Berg Karmel."

Was konnte das Herz der Juden mehr bewegen als der Name des Elia?

Die Nachricht vom Erscheinen des Johannes ging wie ein Lauffeuer durch das ganze Jordantal, und als er am nächsten Tag wiederkam, herrschte große Aufregung und Erwartung. Sie hörten ihm gespannt und aufmerksam zu. Vielleicht hatte er, bis Christus kam, nur den

einen Text:

„Tut Buße, das Himmelreich ist nahe herbeigekommen."

Ja, Tag für Tag konnte man seine Stimme durch das Jordantal hören: „Tut Buße! Tut Buße! Der König steht vor der Tür. Ich weiß zwar nicht Tag oder Stunde, aber er wird sehr bald hier sein."

Nach und nach begehrten einige von den Leuten, die zusammengeströmt waren, um ihn zu hören, daß er sie taufte, und er führte sie an den Jordan, taufte sie, und sie bekannten ihre Sünden.

Die Nachricht verbreitete sich in den umliegenden Dörfern und Städten, und es dauerte nicht lange, da gelangte sie auch nach Jerusalem. Und alsbald strömte die Bevölkerung der Hauptstadt hinaus in die Wüste, um den gewaltigen Prediger zu hören. Bald drang sein Ruf bis nach Galiläa – da kamen sie auch von den Bergdörfern herunter, um ihn zu hören. Andere verließen ihre Fischernetze am See, damit sie den merkwürdigen Prediger hören konnten. Wer weiß, ob es schließlich nicht vielleicht zwanzig- bis dreißigtausend Zuhörer waren, die Tag für Tag zusammenkamen?

Ohne Zweifel gab es auch damals etliche Nörgler, die überheblich meinten: „Mich fängt er nicht! Das ist doch alles nur

Sensationsmacherei.

Nein, nein, was denkst du auch, mein Lieber! – Für so etwas kriegst du mich nicht!"

Es ist dasselbe, was auch heutzutage manche sagen, wenn irgendwo etwas unternommen wird, um Menschen mit der Botschaft des Evangeliums zu erreichen. Sie urteilen: „Was soll denn das! Diese Mühe kannst du ruhig sparen. Das hat doch alles keinen Sinn!"

Ich wünschte nur, alle diese Nörgler wären mit der damaligen Generation in Judäa ausgestorben. Doch leider haben wir noch immer eine Menge von ihren Nachkommen. Sicherlich bist du ihnen auch schon begegnet.

Es mag bestimmt viel Aufsehen gegeben haben dort in Palästina, als Johannes der Täufer predigte, und erst recht, als Christus auftrat! Und man kann sich gut vorstellen, wie die Pharisäer und Schriftgelehrten gemurrt haben mögen, daß Johannes mit seinen Predigten solches Aufsehen erregte. „Das bleibt nicht so. Wartet erst mal ab!" mögen sie gesagt haben.

Ich kann mir denken, wie Herodes eines Tages – zu der Zeit, als Johannes gerade auf dem Höhepunkt seiner Tätigkeit stand – in seinem Palast in Jerusalem saß und zum Fenster hinausblickte, das die Sicht ins Jordantal freigab. Er sah wiederum große Volksmengen vorüberziehen wie schon all die Tage vorher. Da ließ es ihm keine Ruhe mehr: er zieht Erkundigungen ein, was das zu bedeuten habe, und so erfährt er von diesem seltsamen Prediger. Jemand berichtet ihm vielleicht sogar, daß Johannes Verrat predige. Er rede von einem König, der kommen soll und im Begriff stehe, sein Reich aufzurichten.

„Ein König soll kommen? Wenn Cäsar käme, hätte ich davon gehört. Und außer Cäsar ist da niemand. Aber ich werde der Sache nachgehen; ich muß mich wohl darum kümmern. Am besten wird es sein, ich gehe selbst zum Jordan hinab und höre mir diesen Mann an."

Und so ist es dann eines Tages geschehen. Während Johannes dasteht und predigt, die Augen der Zuhörer gespannt auf ihn gerichtet, das Volk ergriffen vom heiligen Ernst seiner Worte, da merkt er mit einemmal, wie die Aufmerksamkeit abgelenkt wird: aller Augen wenden sich in die Richtung der Hauptstadt. Jemand stößt den Ruf aus: „Da! Seht! Herodes kommt!"

Bald haben es alle bemerkt. Es entsteht große Aufregung. „Er wird wahrscheinlich dem Predigen Einhalt gebieten wollen."

Und wenn es damals schon solche kompromißfreudige, knieweiche Christen gegeben hätte, wie sie uns heute so oft begegnen, so würden sie wohl zu Johannes gesagt haben: „Sprich nicht von einem kommenden König! Herodes wird das nicht vertragen können. Rede über Reue und Umkehr, soviel du magst; aber sag kein einziges Wort von dem König, der kommen soll, denn das wird in den Ohren des Herodes wie Verrat klingen."

Ich denke, wenn tatsächlich irgend jemand gewagt hätte, Johannes einen solchen Rat zu erteilen, er würde erwidert haben: „Was kümmert mich Herodes? – Ich habe eine Botschaft auszurichten, die ich von oben empfangen habe."

Als er weiterhin unerschrocken und mit weithin hörbarer

Stimme die Menschen zur Umkehr aufrief, lauschte Herodes, der inzwischen – umgeben von seiner Leibwache – nahe herangekommen war, auf jedes seiner Worte.

Ob er wohl etwas entdecken würde, was ihm Anlaß geben könnte, diesen Mann mit dem kamelhaarigen Kleid festzunehmen?

Schließlich ruft Johannes: „Der König ist im Kommen. Er wird Sein Reich aufrichten und den Weizen von der Spreu absondern."

Ich kann mir vorstellen, wie es Herodes trifft. Er schwört sich: „Binnen vierundzwanzig Stunden werde ich den Mann um einen Kopf kürzer gemacht haben. Ich würde ihn auf der Stelle festnehmen, wenn es ginge. Nun, ich werde ihn morgen, bevor die Menge sich sammelt, gefangennehmen lassen."

Während Herodes weiter zuhört, drängen einige aus der Menge näher an den Prediger heran und stellen Fragen. Unter ihnen sind auch ein paar Soldaten. Sie fragen Johannes: „Was sollen denn wir tun?"

Johannes antwortet: „Tut niemandem Gewalt an, beschuldigt niemand fälschlicherweise, und begnügt euch mit eurem Sold."

„Das ist ein guter Bescheid", denkt Herodes. „Mit diesen Leuten habe ich schon manchen Kummer gehabt. Wenn sie dem Rat des Predigers folgen, werden bessere Soldaten aus ihnen werden."

Dann hört er die Zöllner, die auch kommen, um getauft zu werden, fragen: „Und was sollen wir tun?"

Die Antwort hierauf lautet: „Fordert nicht mehr, als euch zusteht."

„Gut", denkt Herodes, „das ist ein ganz vortrefflicher Rat. Diese Zöllner nehmen viel zuviel Steuern von den Leuten. Die ganze Zeit her geht das schon so. Wenn sie täten, was der Prediger ihnen sagt, wäre das Volk zufrieden."

Darauf wendet sich der Prediger an die Pharisäer und die Sadduzäer in der Menge und ruft: „Otternbrut! Wer hat euch gewiesen, dem kommenden Zorn zu entfliehen? Tut rechtschaffene Früchte der Buße."

Denkt Herodes bei sich selbst: „Vorzüglich! Das mag ich gern, daß er es diesen Leuten einmal gehörig sagt. Ich werde es mir noch überlegen müssen, ob ich ihn wirklich festnehme!"

Und so kehrt er zurück in seinen Palast. Ich kann mir vorstellen, daß er in jener Nacht wohl

wenig Schlaf

gefunden hat. Fortwährend mußte er an das denken, was er gehört hatte. – Wenn der Heilige Geist an dem Gewissen eines Menschen wirkt, geschieht es oft, daß einem solchen der Schlaf flieht. – Herodes wollte dieser Wüstenprediger und seine Botschaft nicht aus dem Sinn.

Die Wahrheit hatte eben auch seine eigene Seele erreicht; immer und immer wieder hörte er den Ruf: „Tut Buße, denn das Himmelreich ist nahe herbeigekommen." Er beschließt endlich: „Heute bin ich von Staats wegen hinausgezogen, um ihn zu hören; morgen werde ich hingehen, um für mich selbst zu hören."

So kommt er immer wieder. Mein Text sagt, daß er ihn gern hörte, daß er ihn fürchtete, denn er wußte, daß er ein gerechter und heiliger Mann war. Er muß in der Tiefe seines Herzens erkannt haben, daß Johannes

ein Gesandter des Himmels

war. Wärst du in jenen Tagen in seinen Palast gekommen, du würdest ihn von nichts anderem als von Johannes dem Täufer haben reden hören. Er mochte zu seinen Getreuen, die um ihn waren, etwa gesagt haben: „Seid ihr schon draußen in der Wüste gewesen, um diesen fremden Prediger zu hören?"

„Nein. Sind Sie vielleicht dort gewesen?"

„Ja."

„Was! Sie, der römische Statthalter, hören sich so einen einfachen, nicht ordinierten Prediger an?"

„Ja; ich habe ihn sogar ziemlich oft gehört. Ich muß sagen, ich höre ihn lieber als alle die anderen, die ich je gekannt habe. Er spricht nicht wie die üblichen Prediger. Wenn ich ehrlich sein soll: ich habe noch nie jemand gehört, der eine solche Wirkung auf mich ausgeübt hat."

Man hätte denken können, Herodes sei ein sehr hoffnungsvoller Fall. „Er gehorchte ihm in vielen Sachen." Vielleicht stellte er das Fluchen ein. Er mag auch mit dem Spiel und Sich-Betrinken aufgehört haben. Eine wunderbare Veränderung schien mit ihm vorzugehen. Vielleicht unterließ er es eine Zeitlang, Bestechungen anzunehmen. Später treffen wir ihn zwar wieder dabei an, aber damals mag er sich davon enthalten haben. Er wurde in mancher Beziehung geradezu tugendhaft. Ja, es sah tatsächlich so aus, als sei er dem Reich der Himmel nahe.

Dann mag es einen Tag gegeben haben, da Johannes wieder dastand und predigte. Die Wahrheit drang in die Herzen und Gewissen der Menschen, und Kraft aus einer anderen Welt rührte sie an und ergriff sie.

Einer von den Jüngern des Johannes steht dicht bei dem Staatswagen des Herodes und sieht Tränen in den Augen des römischen Statthalters. Am Schluß der Predigt geht er zu Johannes und sagt es ihm: „Ich stand heute nicht weit von Herodes. Niemand schien mehr beeindruckt als er. Ich konnte sehen, wie ihm die Tränen herunterliefen. Er mußte sie wegwischen, damit sie niemand sah."

Hast du schon einmal in einer Evangelisationsversammlung einen Menschen gesehen, der versucht hat, seine Tränen zurückzuhalten? Es schien zuerst so, als würde ihn seine Stirn zu jucken anfangen, denn er legte seine Hand darauf; aber du wußtest, was es zu bedeuten hatte; er wollte seine Tränen verbergen. Oh, er dachte, es sei eine Schwäche, zu weinen. Man hält es nicht für eine Schwäche, sich zu betrinken oder die eigenen Familienangehörigen zu mißhandeln, aber man hält es für eine Schwäche, Tränen zu vergießen.

So mag dieser Jünger des Johannes zuerst bemerkt haben, daß Herodes mehrmals seine Hand an die Stirn führte; er wollte offensichtlich nicht, daß seine Soldaten oder jene, die in seiner Nähe standen, es sähen, daß er weinte. Der Jünger meinte zu Johannes: „Es sieht wirklich so aus, als wäre er dem Reiche Gottes nahe. Ich vermute, er wird bald mit persönlichen Fragen an dich herantreten."

Wenn ein Mensch Freude daran hat, einen solchen Prediger zu hören, dann sieht es tatsächlich sehr hoffnungsvoll für ihn aus.

Möglicherweise war Herodes sogar anwesend, als Christus getauft wurde. Hat es je einen Menschen gegeben, der dem Himmel so nahe gerückt war, wie es Herodes gewesen sein muß, wenn er bei diesem Geschehen anwesend war? Ich sehe Johannes dastehen, umgeben von einer großen Menschenmenge, die ihm aufmerksam lauscht. Da – plötzlich scheint der Prediger, der nie zuvor vor irgend etwas zurückgeschreckt war, zusammenzuzucken; sein Blick weitet sich, ein seltsames Leuchten kommt in seine Augen. Er wird blaß und scheint zurückzuweichen, als ob etwas Wunderbares im Gange wäre. Mitten im Satz hört er auf zu sprechen.

Wenn ich unvermittelt ganz bleich werden würde und zu sprechen aufhörte, würde man sicher fragen: „Was ist denn jetzt? Hat ihn der Schlag gerührt? Ist seine Zunge gelähmt?"

Ja, es muß wohl ziemlich befremdend gewirkt haben, als Johannes plötzlich im Sprechen innehielt. Die Augen des Täufers waren fest auf einen bestimmten Punkt gerichtet, auf einen Menschen, der Seinen Weg durch die Menge nahm. Und als jener an den Prediger herangekommen war, bat Er, getauft zu werden. Das war eigentlich ein ganz gewöhnlicher Vorfall: Tag für Tag hatte sich dasselbe unzählige Male wiederholt. Doch Johannes lauschte den Worten des Fremden, indem er den Blick nicht von Ihm wandte.

Und anstatt sogleich mit Ihm an den Jordan hinunterzugehen und Ihn zu taufen, sprach er: „Nein, nein – ich habe nötig, von *Dir* getauft zu werden!"

Welch ein Schauer der Bewegung muß da durch die Zuhörerschaft gegangen sein! Ich kann hören, wie einer dem anderen zuflüstert: „Ist das nicht der Messias?"

Ja, es war der Langersehnte, auf dessen Erscheinen das Volk diese Jahrtausende gewartet hatte. Von der Zeit an, da Gott dem Adam die Verheißung gegeben hatte, noch in Eden, schaute jeder wahre Israelit nach dem Messias aus – und da war Er nun in ihrer Mitte!

Er bestand darauf, daß Johannes Ihn taufen sollte, und der Vorläufer anerkannte Seine Autorität als Meister und Herr, nahm Ihn an den Jordan und taufte Ihn.

Als Er aus dem Wasser heraufstieg, öffnete sich der Himmel und der Geist Gottes in Gestalt einer Taube kam auf Ihn herab und ruhte auf Ihm. Als Noah vor vielen Jahren die Taube aus der Arche entsandte, konnte sie keinen Ruheplatz finden; aber nun war der Sohn Gottes gekommen, den Willen Seines Vaters zu tun, und die Taube fand ihren Ruheplatz auf Ihm.

Jetzt brach Gott Sein langes Schweigen. Es kam eine Stimme aus dem Himmel, und wenn Herodes an jenem Tage dort war, mochte auch er sie gehört haben: *„Dies ist mein lieber Sohn, an welchem ich Wohlgefallen habe."*

Und selbst wenn er in diesem Augenblick nicht zugegen gewesen ist und die Stimme also nicht gehört hat, muß er doch davon vernommen haben, denn die Sache hat sich nicht in einem verborgenen Winkel des Landes abgespielt. Es hat wohl viele Zeugen davon gegeben, und die Nachricht muß bis in die entlegensten Gegenden des Landes gedrungen sein.

Dennoch, obgleich Herodes in einer solchen Zeit gelebt und einen solchen Prediger gehört hatte, verfehlte er das Himmelreich zuletzt. Er tat *vieles,* weil er *Johannes* fürchtete; hätte er *Gott* gefürchtet, so würde er *alles* getan haben.

„Er gehorchte in vielen Sachen", ja, doch da war eines, das tat er nicht:

er gab eine Lieblingssünde nicht auf.

Je länger ich in diesem Dienst stehe und das Evangelium predige, desto mehr prägt sich mir die Überzeugung auf, daß es das ist, was die Menschen vom Reich Gottes fernhält. Johannes wußte um Herodes Privatleben und warnte ihn deutlich.

Wenn ein paar jener toleranten Christen, von denen ich vorhin gesprochen habe, in der Nähe des Johannes gewesen wären, hätte gewiß einer zu ihm gesagt: „Hör mal, Johannes, es wird erzählt, Herodes sei sehr besorgt um seine Seele und frage, was er tun müsse, um errettet zu werden. Laß mich dir den einen Rat geben: Rühre nicht an seine geheime Sünde. Er lebt mit der Frau seines Bruders zusammen; aber sag nichts davon, denn er ertrüge es nicht. Er hat die ganze römische Statthalterei hinter sich, und wenn du auf diese Sache anspielst, wird es dir an den Kragen gehen. Du hast bis jetzt einen guten Stand bei Herodes: er fürchtet dich. Sei bloß vorsichtig und gehe nicht zu weit, sonst ist es aus mit dir."

Dann gibt es da noch diejenigen, die es zwar gerne sehen, wenn über die Sünden der anderen gepredigt wird – aber nur so lange, als man nicht auf sie selber zu sprechen kommt. Meine Frau hielt einmal unserem kleinen Jungen eine Sonntagschulstunde; sie erwähnte dabei, wie eine Sünde wächst, bis zuletzt eine Gewohnheit daraus wird. Der kleine Kerl dachte, das könnte ihm zu nahe kommen. Er wurde rot und sagte: „Mama, ich glaube, du kommst zu weit vom Gegenstand ab."

Johannes war ein Prediger, der *keine Kompromisse* einging; er gab seine Botschaft richtig weiter. Wann und wo die beiden zusammengeführt worden sind, weiß ich natürlich nicht. Als es aber soweit war, da hielt Johannes nichts zurück; er sagte mutig: „Herodes, es ist nicht recht, es ist gegen das Gesetz, daß du die Frau deines Bruders hast."

Er übertrat das Gesetz Gottes und lebte in der Sünde des Ehebruchs. Gott sei Dank, Johannes schonte ihn nicht! Es kostete den Prediger den Kopf; doch der Herr hatte sein Herz bekommen, und so machte er sich nichts daraus, was mit seinem Kopf geschah. Wir lesen, daß Herodes den Johannes fürchtete – aber Johannes fürchtete sich nicht vor Herodes.

Ich weiß von keinem Weg, der schneller zur Hölle führt, als es der Ehebruch tut. O daß doch niemand sich vormachte, er könne in das Reich der Himmel eingehen, ohne daß er von dieser Sünde umkehrt und in Sack und Asche Buße tut. – Mein Freund, denkst du vielleicht, Gott werde dich nicht ins Gericht bringen? Sagt nicht die Bibel ausdrücklich, daß kein Ehebrecher das Reich Gottes ererben wird?

Oder denkst du etwa, Johannes der Täufer wäre dem Herodes ein wahrer Freund gewesen, wenn er seine Sünde vertuscht und ihn geschont hätte? War es nicht gerade ein Zeichen, daß Johannes ihn liebte, als er ihn warnte und ihm sagte, daß er seine Sünde aufgeben müsse? Herodes hatte bis dahin in vielem gehorcht und Johannes gern gehört, aber von da an mochte er ihn nicht mehr leiden.

Ja, es ist etwas anderes, zuzuhören, wenn anderer Leute Sünden heruntergekanzelt werden. Man sagt dann: „O, das ist großartig!" und wünscht, es wären alle die Bekannten da, um den Prediger zu hören. Aber wehe, wenn an ihre eigene Sünde gerührt wird!

Johannes tat es. Er erklärte kühn (wie Nathan David gegenüber tat): „Du selbst bist dieser Mann!" Und die Reaktion war: „Das kann ich nicht leiden." Der Prediger hatte den wunden Punkt getroffen.

Wenn jemand einen Arm gebrochen hat, muß der Chirurg die genaue Stelle herausfinden, wo der Bruch sitzt. Er tastet den Arm ab, indem er vorsichtig mit seinen Fingern darauf drückt:

„Ist es hier?" – „Nein."

„Ist es da?" – „Nein."

...bis er an den Punkt kommt, wo der Mann zusammenzuckt oder einen Schmerzensschrei ausstößt. Die gebrochene Stelle ist gefunden: es schmerzt.

Johannes legte seinen Finger genau auf die kranke Stelle, und Herodes zuckte darunter zusammen. Der Wüstenprediger legte seine Hand direkt darauf: „Herodes, es ist nicht recht, daß du die Frau deines Bruders Philippus hast!"

Aber Herodes wollte seine Sünde nicht aufgeben.

So mancher wäre bereit, in das Reich Gottes einzutreten, wenn das möglich wäre, ohne die Sünde aufzugeben.

Die Menschen mögen sich wundern, warum Jesus Christus weniger Nachfolger hat, als die verschiedenen Religionen dieser Welt zusammen haben. Es ist nicht schwierig, das zu erklären. Man kann zum Beispiel ein Jünger Mohammeds werden und dabei weiter in der abscheulichsten, widerwärtigsten, tiefsten Sünde leben – man kann aber nicht ein Jünger Christi sein, ohne die Sünde aufzugeben.

Wenn du dir vorzumachen suchst, du könnest in das Reich Gottes hineingelangen, ohne daß du dich von deiner Sünde lossagst, dann möge Gott dir die Maske herunterreißen! Oder kann der Satan dir weismachen, daß Herodes mit den Brandmalen der Sünde des Ehebruchs und des Mordes in seiner Seele zusammen mit Johannes dem Täufer im Reich Gottes angetroffen werde?

Und nun laß mich dir noch eines sagen: Wenn dein Seelsorger zu dir kommt und dich offen auf deine Sünde hinweist und dich aufrichtig warnt, so danke Gott dafür. Aber wenn ein Seelsorger schmeichlerische, glatte Worte zu dir spricht und dir sagt, es sei schon alles recht, obwohl er weiß – und du ebenso –, daß alles falsch ist und du in Sünden lebst, dann kannst du sicher sein, daß er ein Abgesandter des Teufels ist.

Ich möchte damit klar und bestimmt zum Ausdruck bringen, daß ich den Prediger verachte, der seine Botschaft mildert, um es irgend jemandem in seiner Zuhörerschaft recht zu machen: irgendeinem Senator oder sonst einem bekannten

Persönlichkeit, die er anwesend sieht. Wenn der Teufel sich eines solchen Predigers bedienen kann, wird jener bessere Arbeit tun als der Teufel selbst.

Du magst erschrecken, wenn du erkennst, daß es Satan ist, der dich betrügen wollte; wenn aber einer, der als ein Diener Jesu Christi gilt, dir sagt, daß Gott am Ende schon alles gut machen werde, ungeachtet dessen, daß du weiter in Sünden lebst, so ist das genau dasselbe. Laß dich doch nicht verleiten, eine solche Lehre zu glauben. Sie ist ebenso unwahr wie jede andere Lüge, die je aus dem Abgrund der Hölle gekommen ist. Alle Priester und Geistlichen aller Kirchen zusammen können nicht eine einzige Seele retten, die nicht mit der Sünde brechen will.

Es gibt ein altes Sprichwort, das sagt: „Jeder Mensch hat seinen Preis." Esau verkaufte sein Erstgeburtsrecht für ein Linsengericht. Ziemlich billig, nicht wahr? Ahab verkaufte sich für einen Krautgarten. Und Judas tat es für dreißig Silberlinge, nach unserem Geld weniger als siebzig Mark. Ziemlich billig, nicht wahr? Herodes aber verkaufte sich um des Ehebruches willen.

Welches ist der Preis,

für den du deine Seele aussetzest? Du sagst, du wissest es nicht. Ich will es dir sagen: *Es ist d i e Sünde, die dich von Gott fernhält.* Es kann der Alkohol sein. Es gibt genug Menschen, die die Hoffnung auf den Himmel fahren lassen und ihre Seele verkaufen um Alkohol. Es kann der Ehebruch sein. Es kann aber auch der Stolz sein! – und noch so vieles andere mehr.

Ja, was ist es bei dir? Was ist es, um dessentwillen du dich verkaufst? *Du weißt, was es ist.*

Meinst du nicht, daß es heute für Herodes tausendmal besser wäre, wenn er den Rat Johannes des Täufers angenommen hätte anstatt den Rat jenes nichtswürdigen, ehebrecherischen Weibes? Herodias zog nach der einen Seite, Johannes nach der anderen, und Herodes war in der Mitte.

Es ist derselbe alte Kampf zwischen Recht und Unrecht; auf der einen Seite zieht der Himmel, auf der anderen die Hölle.

Stehst du im Begriff, denselben Irrtum zu begehen wie Herodes? Wir haben zehntausendmal mehr Licht, als Herodes hatte. Er lebte noch auf der anderen Seite des Kreuzes. Das herrliche Evangelium war noch nicht erstrahlt, wie es seitdem geschehen ist. Denk an die mancherlei Predigten, die du schon gehört hast; an die Bitten, die an dich gerichtet worden sind: Christus in dein Herz und Leben aufzunehmen.

Mancher von euch hat gottesfürchtige Eltern gehabt, die für ihn gebetet haben. Oder einen gottesfürchtigen Ehepartner, eine gläubige Frau, die zu Gott ruft – deinetwegen. Es gab so manche heilige Einflüsse, die auf dich eingewirkt haben, Jahr für Jahr – wie oft warst du dem Reich Gottes schon nahe! Und doch – wo stehst du heute? Vielleicht weiter davon ab denn je.

Es mag auf dich ebenso zutreffen, wie es bei Herodes der Fall gewesen ist: daß du deinen Prediger gern hörst. Du besuchst Gottesdienste, verrichtest freiwillige Hilfeleistungen, ja, du tust vieles. Erinnere dich, daß nichts von alledem ausreicht, deine Seele von der Sünde zu reinigen. *Nichts anderes kann an die Stelle dessen treten, was Gott fordert: Buße und das Aufgeben jeder Sünde.*

Das läßt mich an jenes Kind denken, das mit einer Vase spielte und seine Hand nicht mehr herausbrachte. Der Vater versuchte, ihm zu helfen, doch alles war umsonst. Zuletzt sagte er: „Komm, laß es uns noch einmal probieren. Strecke deine Finger ganz gerade aus, und ich werde dich am Arm ziehen."

„O nein, Papa, das geht nicht", rief der Sohn. „Ich würde ja den Groschen fallen lassen, wenn ich meine Finger ausstreckte!"

Natürlich konnte er seine Hand nicht herausbekommen, wenn sie zur Faust geschlossen war. Er wollte den Groschen einfach nicht loslassen. Genauso ist es mit dem Sünder: er möchte die Verbindung zu seinen Sünden nicht abbrechen.

Dein Weg und der meine werden sich vielleicht nie wieder kreuzen. Aber wenn ich irgendeinen Einfluß auf dich habe, so ersuche und bitte ich dich, *jetzt* mit deiner Sünde zu brechen, mag es dich kosten, was immer es sei. Herodes wäre vielleicht mit Joseph von Arimathia und den zwölf Aposteln in Verbindung gekommen, wenn er den Rat des Johannes angenommen hätte. Es wäre ein Wohlgeruch um seinen Namen gewesen all diese Jahrhunderte.

Aber leider! Wenn wir heute von Herodes sprechen, sehen wir auf den Gesichtern derer, die uns zuhören, ein höhnisches Lächeln. Hätte aber damals jemand zu Herodes gesagt: „Weißt du auch, daß du diesen großen Prediger zum Schweigen bringen und enthaupten lassen wirst?", so würde er empört erwidert haben: „Ist dein Knecht ein Hund, daß er eine solche Sache tun sollte? Niemals werde ich einem solchen Mann nach dem Leben trachten." Wahrscheinlich hätte er wirklich gedacht, daß er es nie tun würde. Und doch war es nur wenig später, als er den Knecht Gottes enthaupten ließ.

Weißt du, daß das Evangelium von Jesus Christus sich als ein Geruch entweder vom Leben zum Leben oder vom Tode zum Tode erweist? Man hört manchmal Leute sagen: „Wir wollen mal hingehen und diesen Mann anhören. Wenn es uns auch nichts nützt, so wird es doch auch nichts schaden." Glaube das nur nicht, mein lieber Freund! Jedesmal, wenn du das Evangelium hörst und es zurückweist, schreitet der *Verhärtungsprozeß* bei dir weiter fort. Dieselbe Sonne, die das Eis schmilzt, härtet die Erde. Die Predigt, die dich vor Jahren tief berührt hätte, macht dann keinen Eindruck mehr.

Ich glaube, Herodes war, nachdem er die Gelegenheit zur Bekehrung hatte ungenutzt vorübergehen lassen, siebenmal mehr ein Kind der Hölle als vorher. Jeder wahre Diener des

Evangeliums wird es bestätigen, daß die am schwersten zu erreichenden Menschen diejenigen sind, die einmal beeindruckt wurden, deren Eindrücke aber mit der Zeit abgestumpft sind. Es ist ein gutes Teil leichter, eine Sünde zum zweitenmal zu begehen, als es das erstemal gewesen ist – aber es ist ein ganzes Stück schwerer, sie zum zweitenmal zu bereuen!

Wenn du dem Reich Gottes jetzt nahe bist, so nimm den Rat eines Freundes an und tritt ein. Sei nicht damit zufrieden, lediglich davor zu stehen. Christus hatte zu dem reichen jungen Mann gesagt: „Du bist nicht fern vom Reiche Gottes", und doch versäumte dieser es, hineinzugehen. Laß dich nicht auf ein solches Risiko ein. *Der Tod kann dich überraschen,* noch ehe du Gelegenheit hast, deine besten Absichten durchzuführen – wenn du eine Entscheidung aufschiebst.

Es ist traurig, daran zu denken, wie viele Menschen Paulus oder gar den Herrn selbst gehört hatten und von ihren Worten berührt worden waren, aber dennoch nicht errettet wurden. Judas muß viele Male dem Reiche Gottes nahe gekommen sein, aber nie trat er ein. Ich erlebte es im Heer: Menschen, die sich einmal

beinahe entschlossen hatten,

Christus aufzunehmen, bot sich eines Tages *keine Gelegenheit mehr* dazu – sie waren im Kampf gefallen. Sie hatten es aufgeschoben, den Schritt zu tun, der sie des ewigen Lebens versichert hätte. Ich gebe zu, es ist etwas sehr Trauriges um diese Tatsache.

In einem der Miethäuser in New York City hatte man nach einem Arzt gesandt. Er kam und fand einen jungen Mann sehr krank vor. Als er an das Bett trat, sagte der junge Mann: „Herr Doktor, ich möchte nicht, daß Sie mir etwas vormachen. Selbst wenn es das Schlimmste ist, möchte ich es wissen. Wird sich meine Krankheit als tödlich erweisen?"

Nachdem der Arzt ihn untersucht hatte, erwiderte er: „Es

tut mir leid, Ihnen sagen zu müssen, daß Sie die Nacht nicht mehr überstehen werden."

Der junge Mann erschrak und murmelte: „Oh, dann habe ich es verpaßt!"

„Was haben Sie verpaßt?"

„Das ewige Leben. Ich hatte immer vor, irgendwann einmal Ernst zu machen und mein Leben Christus zu übergeben, aber ich dachte, ich hätte noch viel Zeit, und schob es auf."

Der Arzt, der selbst gläubiger Christ war, erklärte ihm: „Es ist nicht zu spät. Rufen Sie Gott um Vergebung an."

„Nein, das tue ich nicht. Ich habe stets die Menschen verachtet, die am Sterbebett bereuen; es sind elende Feiglinge. Wenn ich nicht krank geworden wäre, hätte ich keinen einzigen Gedanken an meine Seele verschwendet; es fällt mir nicht ein, Gott jetzt zu beleidigen."

Der Arzt verbrachte den ganzen Tag bei ihm. Er las ihm aus der Bibel vor und versuchte, ihn dahin zu bringen, daß er die Verheißungen ergriffe. Doch der junge Mann blieb dabei: er wollte Gott nicht anrufen – und in diesem Zustand verschied er. In dem Augenblick, da er starb, sah der Arzt, wie er seine Lippen bewegte. Er beugte sich über ihn. Aber alles, was er hören konnte, war ein schwaches Flüstern: *„Verpaßt!"*

Lieber Freund, vergewissere dich davon, daß nicht auch du das ewige Leben endgültig verfehlst. Willst du zu Herodes gehen oder zu Johannes? Beuge dich doch jetzt und sprich: *„Sohn Gottes, komm in mein Herz. Ich übergebe mich Dir, ganz, völlig, rückhaltlos."*

Er wird zu dir kommen und wird dich nicht nur erretten, sondern dich bis zum Ende bewahren.

ZWEI UNGLEICHE GETREUE UND WAS SIE UNS ZU SAGEN HABEN

Der Blindgeborene und Joseph von Arimathia

Es gab zur Zeit Christi zwei ungewöhnliche Männer in Jerusalem. Einer davon ist namenlos in die Geschichte eingegangen – wir wissen nicht, wer er gewesen ist –, der Name des anderen ist uns mitgeteilt. Der eine war nicht nur ein Bettler, sondern noch dazu von Geburt an blind; der andere gehörte zu den Reichen Jerusalems. Dennoch ist dem blinden Bettler im Evangelium des Johannes mehr Raum gewidmet als irgendeiner anderen Persönlichkeit. Der Grund, warum so viel über diesen Mann berichtet ist, liegt darin, daß er mutig Stellung für Jesus Christus bezogen hat.

Sehen wir uns einmal den Bericht im Evangelium Johannes 9, ab Vers 5, an. In dem vorhergehenden Kapitel hat Jesus Christus gesagt, daß Er das Licht der Welt sei und daß, wenn jemand Ihm nachfolgte, er nicht in der Finsternis vorangehen müßte, sondern das Licht des Lebens haben würde. Oft tat Christus, nachdem Er eine derartige Aussage gemacht hatte,

zum Beweis der Wahrheit,

von der Er sprach, ein Wunder. Wenn Er also erklärt hatte, Er sei das Licht der Welt, würde Er ihnen auch zeigen, daß Er es tatsächlich war. Er erwies sich als das Licht der Welt, indem Er Tote wiederbelebte und zum Leben auferweckte. Er tat es, als Er ihnen sagte, daß Er die Auferstehung und das Leben sei. Er begab sich auf den Friedhof von Bethanien und rief den Lazarus aus dem Grab. Als Lazarus die Stimme seines Freundes hörte: „Lazarus, komm heraus!", folgte er sogleich dieser Aufforderung.

Der Sohn Gottes fordert die Menschen nicht auf, Ihm zu glauben, ohne die Berechtigung dazu aufzuzeigen. Wir haben nötig, das im Gedächtnis zu behalten.

Er gab ihnen guten Grund, an Ihn zu glauben, und bewies Sein Messiasamt und Seine Autorität. Er sagte ihnen nicht nur mit Worten, daß Er die Macht habe, sondern Er zeigte ihnen auch mit praktischen Taten, daß Er sie auch wirklich besaß.

Diese zwei Männer also lebten beide in Jerusalem. Der eine bekleidete eine hohe Stellung wie wenige in der Stadt, der andere eine ebensolche niedrige. Der eine gehörte zu den Spitzen der Gesellschaft, der andere zu deren unterster Schicht. Und dennoch legten sie beide ein gutes Bekenntnis ab, und der eine war Jesus so annehmbar wie der andere.

Ein blinder Bettler wird ein Zeuge Jesu Christi

Der in diesem Abschnitt erwähnte Mann war von Geburt an blind. Wir hören die Jünger den Herrn fragen: „Herr, wer hat gesündigt, dieser oder seine Eltern, daß er blind geboren wurde?"

Jesus antwortete: „Weder dieser hat gesündigt, noch seine Eltern, sondern auf daß die Werke Gottes an ihm geoffenbart würden."

Als Er dies gesagt hatte, spuckte Er auf die Erde und machte daraus einen Brei; damit bestrich Er die Augen des Blinden, und Er sprach zu ihm: „Gehe hin zu dem Teich Siloah und wasche dich!"

Der Blinde ging hin und wusch sich, und sein Augenlicht ward ihm gegeben.

Beachte, was dieser Mann getan hat: Er tat *genau, was Christus ihn tun hieß.* Der Befehl des Herrn an ihn lautete, zum Teich Siloah zu gehen und sich darin zu waschen – und „da ging er hin und wusch sich und kam sehend". Er wurde *unmittelbar bei der Gehorsamstat* gesegnet.

Noch ein weiterer Gedanke: Gott wiederholt sich im allgemeinen nicht. Von allen Blinden, die geheilt wurden, während Christus auf Erden weilte, wurden kaum zwei auf genau die gleiche Weise geheilt.

Den blinden Bartimäus traf Jesus nicht weit vor den Toren Jerichos, und Er rief ihn zu sich und sprach: „Was willst du, daß ich dir tun soll?"

Die Antwort war: „Herr, daß ich sehend werde."

Und nun sieh, was Er getan hat. Er schickte den Bartimäus nicht nach Jerusalem zu dem zwanzig Meilen entfernten Teich von Siloah, damit er sich dort wasche. Er spuckte auch nicht auf den Boden und machte keinen Brei von Erde daraus, um seine Augen damit zu salben, sondern Er wirkte die Heilung mit *einem Wort,* indem Er sagte: „Geh hin; dein Glaube hat dich geheilt."

Nehmen wir einmal an, Bartimäus wäre von Jericho herbeigekommen und hätte den anderen blinden Bettler am Stadttor von Jerusalem getroffen und hätte ihn gefragt, wie er zu seinem Augenlicht gekommen sei; nehmen wir an, sie hätten Vergleiche angestellt, indem jeder sein Erlebnis erzählte – und der erste hätte gesagt: „Ich glaube nicht, daß du dein Augenlicht bekommen hast, denn du hast es nicht auf dieselbe Weise erhalten wie ich."

Machte die verschiedene Heilungsweise, die der Herr bei jedem von ihnen angewandt hatte, ihren jeweiligen Fall weniger glaubhaft? Und doch gibt es Menschen, die solche Einwände bringen. Weil Gott mit dem einen nicht genauso verfährt wie mit dem anderen, denken Sie, Gott befasse sich überhaupt nicht mit ihm. Gott wiederholt sich selten.

Keine zwei Personen sind je – soweit meine Erfahrung

reicht – auf dieselbe Weise bekehrt worden. Jeder muß sein eigenes Erlebnis haben! – Es gibt viele Menschen, die

nicht zu Christus kommen,

weil sie nach dem gleichen Erlebnis, das ein lieber Freund oder Verwandter gehabt hat, ausschauen. Das ist falsch. Jeder muß direkt und selbst zum Herrn kommen und tun, was Er ihn tun heißt.

Wir mögen denken, es müßte einen Menschen erst recht blind machen, wenn man seine Augen mit einem Lehmbrei zuschmiert. Zugegeben, er war *nun doppelt blind;* denn wenn er vorher hätte sehen können, so würde ihn der Lehmbrei nun seiner Sehkraft beraubt haben. Aber der Herr wollte den Leuten zeigen, daß sie nicht nur von Natur geistlich blind waren, sondern *daß sie es auch selbst zugelassen hatten,* durch den Dreck dieser Welt verblendet zu werden, der ihre Augen blind machte.

Gottes Wege sind eben nicht unsere Wege. Wenn Er es unternimmt zu wirken, müssen wir Ihn handeln lassen, wie es Ihm gefällt. Sollten wir dem allmächtigen Gott Vorschriften machen? Sollte etwa der Ton zum Töpfer sagen: „Warum hast du mich so gemacht?" Wer bist du, o Mensch, der du gegen Gott aufbegehrst, indem du Ihm Vorhaltungen machst? Laß Gott auf Seine Weise wirken.

Wir müssen bereit sein, uns zu fügen und zu tun, was der Herr uns sagt, ohne erst lange herumzurätseln und Fragen zu stellen.

„Da ging er hin und wusch sich und kam sehend. Die Nachbarn und die ihn früher gesehen hatten, daß er ein Bettler war, sprachen: Ist dieser nicht der, der da saß und bettelte?

Einige sagten: Er ist es; andere sagten: Nein, er sieht ihm nur ähnlich."

Nun, wenn er gewesen wäre wie so viele in der heutigen Zeit, so – fürchte ich – hätte er geschwiegen. Er hätte sich dann wohl gesagt: „Ach was, ich bin zwar jetzt sehend geworden, aber ich werde schön still darüber sein. Es ist nicht nötig, daß ich dies bekenne. Warum auch sollte ich es ausposaunen? Es herrscht ja eine ganze Menge Opposition gegen diesen Menschen Jesus Christus, und es werden in Jerusalem etliche schwerwiegende Dinge gegen Ihn vorgebracht. Er hat sehr viele Feinde. Bestimmt würde ich in Unannehmlichkeiten kommen, wenn ich von Ihm spräche. Also will ich lieber schweigen."

Einige meinten: „Er ist es"; andere: „Er sieht ihm ähnlich". *Er aber bekannte: „Ich bin es."* Ihm waren nicht nur die Augen aufgetan worden, sondern er bekam gottlob auch den Mund auf!

Zweifellos sollte auch für uns das nächste sein, wenn unsere Augen geöffnet worden sind, daß wir den Mund auftun und anfangen, Ihn zu bezeugen.

Dann fragten ihn die Leute: „Wie wurden deine Augen aufgetan?"

Er antwortete: „Ein Mensch, genannt Jesus, bereitete einen Kot und schmierte meine Augen damit und sprach zu mir: Gehe hin zu dem Teich Siloah und wasche dich! Und als ich hinging und mich wusch, wurde ich sehend."

Er erzählte eine unkomplizierte Geschichte, einfach das, was der Herr für ihn getan hatte. Das war alles. Und das ist es, was ein Zeugnis zu sein hat: eine Mitteilung dessen, was man weiß, und nicht, was man nicht weiß.

Das Zeugnis dieses Mannes ist das, was ich einen „Erlebnisbericht" nenne. Eines der größten Hemmnisse im Vormarsch des Evangeliums ist vielfach, daß das Erzählen des eigenen Erlebens von der Gemeinde nicht mehr gefördert wird. Da sind so viele Männer und Frauen, die in die Gemeinde kommen, aber wir hören nie etwas von ihrem geistlichen Leben und dem Handeln des Herrn mit ihnen. Wenn das geschähe, wäre es sicher eine Hilfe für andere. Es würde den Glauben anreizen und die Schwächeren der Herde ermutigen.

ist dreimal berichtet worden. Ich zweifle nicht daran, daß er es überall, wohin er kam, erzählte: wie Gott ihm begegnet war, wie Gott ihm die Augen und das Herz aufgetan und wie Er ihn gesegnet hatte. Verlaß dich drauf: dieses Bezeugen des Erlebens des Herrn hat seinen Wert. Der große Fehler, der heute gemacht wird, liegt im anderen Extrem. Mancherorts und zu manchen Zeiten hat man zu viel daraus gemacht – die Erfahrung war alles! –, und nun sehen wir das Pendel zu weit nach der anderen Seite ausschlagen.

Ich denke, es ist nicht allein recht, sondern außerordentlich nützlich, daß wir – natürlich in gebührender Weise und in der rechten Gesinnung – unsere Erlebnisse mit dem Herrn weitergeben.

Dieser Mann tat es. Er legte Zeugnis davon ab, was der Herr an ihm getan hatte. „Es war aber Sabbat, als Jesus den Kot machte und seine Augen auftat. Nun fragten ihn wiederum die Pharisäer, wie er sehend geworden sei. Er sprach zu ihnen: Er legte Kot auf meine Augen, und ich wusch mich, und ich sehe. Da sprachen etliche von den Pharisäern: Dieser Mensch ist nicht von Gott, denn er hält den Sabbat nicht. Andere sagten: Wie kann ein sündiger Mensch solche Zeichen tun? Und es war ein Zwiespalt unter ihnen.

Sie sagen nun wiederum zu dem Blinden: Was sagst *du* von ihm, weil er deine Augen aufgetan hat?"

Welch gute Gelegenheit hätte er gehabt, den Fragen auszuweichen! Er hätte sagen können: „Was wollt ihr! Ich habe Ihn nie gesehen. Als Er mir begegnete, war ich ja noch blind; ich konnte Ihn also nicht sehen. Als ich dann zurückkam, traf ich Ihn nicht mehr an. Wie soll ich mir da eine Meinung über Ihn bilden können?" Und so hätte er sie ablenken können. Aber nein, er sagte: „Er ist ein Prophet."

Er gab ihnen seine Ansicht bekannt. Er war ein Mensch mit Rückgrat. *Er hatte Bekennermut.* Er stand geradewegs auf inmitten der Feinde Jesu Christi, den Pharisäern, und sagte ihnen klar und deutlich, was er von Ihm dachte: „Er ist ein Prophet."

Wenn du junge Christen dazu bringen kannst, daß sie sprechen – nicht über sich selbst, sondern über Christus –, so wird ihr Zeugnis Gewicht haben. Viele Bekehrte reden, wenn sie über ihr geistliches Leben berichten, nur von sich: „Ich – ich – ich". Dieser ehemals Blinde jedoch ging zum Herrn über und sagte: „Er ist ein Prophet." Er glaubte, und er sprach aus, was er glaubte.

„Aber die Juden glaubten nicht von ihm, daß er blind war und sehend geworden, bis sie die Eltern dessen riefen, der sehend geworden war. Und sie fragten sie und sprachen: Ist dieser euer Sohn, von dem ihr sagt, daß er blind geboren wurde? Wie kommt es denn, daß er jetzt sieht? Und seine Eltern antworteten: Wir wissen, daß dieser unser Sohn ist und daß er blind geboren wurde; wie es aber kommt, daß er jetzt sieht oder wer seine Augen aufgetan hat, das wissen wir nicht. Er ist mündig; fragt ihn, er wird selbst über sich reden. Dies sagten seine Eltern, weil sie die Juden fürchteten; denn die Juden waren schon übereingekommen, daß, wenn jemand ihn als Christus bekennen würde, er aus der Synagoge ausgeschlossen werden sollte. Deswegen sagten seine Eltern: Er ist mündig, fragt ihn."

Ich habe immer große Verachtung für diese Eltern empfunden. Es sei mir vergeben, wenn ich das sage. Sie hatten einen solch vortrefflichen Sohn, aber ihr Mangel an Mut, damals und dort zu bekennen, was der Herr Jesus Christus für ihren Sohn getan hatte, macht sie Seiner unwürdig. Sie sagten: „Wir wissen nicht, wie es geschah", was so aussieht, als glaubten sie ihrem eigenen Sohn nicht. „Er ist alt genug; fragt ihn selbst."

Es ist eine beklagenswerte Wahrheit, daß wir heute Hunderte und Tausende von Menschen haben, die sich als Jünger Jesu Christi verstehen, aber wenn die Zeit kommt, da sie Stellung beziehen und ein klares Zeugnis für Ihn geben sollten, sagen sie praktisch gegen Ihn aus.

Du kannst diejenigen, die wirklich zu Gott bekehrt sind, immer zählen. Der *neue* Mensch wird stets entschlossen für Gott eintreten und sich auf Ihn berufen, der *alte* Mensch nimmt gegen Ihn Stellung. – Diese Eltern hatten eine Gelegenheit, den Herrn Jesus Christus zu bekennen und große Dinge für Ihn zu tun, aber sie versäumten diese ihre günstige Gelegenheit.

Ach, wären sie doch mit ihrem furchtlosen Sohn aufgestanden und hätten gesagt: „Dies ist unser Sohn. Wir haben alle möglichen Ärzte aufgesucht und die verschiedensten Mittel ausprobiert, die wir bekommen konnten. Doch es hat alles nichts genützt. Jetzt aber – wir bekennen es voller Dankbarkeit – hat er durch den Propheten aus Galiläa, Jesus von Nazareth, sein Augenlicht erhalten.“ So hätten sie viele zum Glauben an Ihn geführt. Aber statt dessen sagten sie: „Wir wissen, daß dieser unser Sohn ist und daß er von Geburt an blind war, wie er aber jetzt sehend geworden ist, das wissen wir nicht.“

Ist es uns klar, warum sie nicht erzählen wollten, wie er sehend geworden war? Einfach deswegen, weil es

sie zu viel gekostet

hätte. – Sie repräsentieren jene Christen, die Christus nicht dienen möchten, wenn es sie irgend etwas kostet: ihre gesellschaftliche Stellung, die einträgliche berufliche Position oder weltliche Vergnügungen. Deshalb wollen sie sich nicht offen erklären. Und das ist es auch, was Hunderte und Tausende davon abhält, sich überhaupt zu bekehren.

Es war eine ernste Sache, aus der Synagoge ausgeschlossen zu werden in jenen Tagen. Heute dagegen will es nicht allzuviel besagen. Wenn jemand aus der einen Gemeinde ausgeschlossen wird, kann eine andere ihn aufnehmen. Wenn er jedoch damals aus der Synagoge hinausging, war keine andere da, die ihn hätte aufnehmen können. Sie war sozusagen die Staatskirche und die einzige, die sie hatten. Wenn er aus ihr ausgeschlossen wurde, war er auch aus allem anderen ausgeschlossen, und sein Geschäft litt ebenfalls.

So riefen die Juden den ehedem Blinden also zum zweiten Mal „und sprachen zu ihm: Gib Gott die Ehre! Wir wissen, daß dieser Mensch ein Sünder ist".

Es sieht nun so aus, als hätten sie versucht, ihn gegen Christus einzunehmen; aber er „antwortete: Ob er ein Sünder ist, weiß ich nicht; *eines weiß ich wohl, daß ich blind war und bin nun sehend"*.

Da waren keine Atheisten oder Philosophen dort, die ihn durch Überreden hätten davon abbringen können. So konnte man ihn auch nicht glauben machen, daß seine Augen nicht aufgetan seien. *Wußte* er nicht, daß er sich seinen Weg mehr als zwanzig Jahre lang durch Jerusalem hatte entlangtasten müssen? Daß er von Kindern und Freunden geführt worden war? Und daß er während all dieser Jahre nie die Sonne in ihrer Herrlichkeit erblickt hatte oder irgendeine andere der unzähligen Naturschönheiten? Ja, er wußte, wie mühsam er sich seinen Weg durch das Leben bis zu diesem Tage hatte entlangtasten müssen!

Und wir? Wissen wir nicht, daß wir aus Gott geboren sind (so viele wir es tatsächlich sind!) und daß wir die Augen unserer Seele aufgetan bekommen haben? Wissen wir nicht, daß das Alte vergangen und alle Dinge neu geworden sind, weil das ewige Licht in unseren Seelen aufgegangen ist? Wissen wir nicht, daß die Fesseln, die uns einst banden, entzweigebrochen sind, daß die Finsternis gewichen und das Licht gekommen ist? Sind wir jetzt nicht frei, wo wir einst geknechtet waren?

Wissen wir das auch wirklich? – Wenn es nicht so ist, dann sollten wir uns gar keine Ruhe lassen, bis es tatsächlich geschehen ist.

Laßt uns also Zeugnis ablegen für den Sohn Gottes und sprechen wie jener ehedem Blinde in Jerusalem: „*Eines weiß ich* wohl, daß ich blind war und jetzt sehe. Ich habe eine neue Kraft. Ich habe ein neues Licht. Ich habe eine neue Liebe. Ich habe eine neue Natur. Ich habe etwas, was sich nach Gott ausstreckt. Mit den Augen des Glaubens kann ich bis in den Himmel sehen. Ja, ich kann dort Christus zur Rechten Gottes sehen. Und wenn dereinst meine Wanderschaft beendet ist, werde ich die Stimme hören, die da spricht: ‚Komm hier herauf', und ich werde für immer dort oben meinen Platz einnehmen."

„Und sie sprachen wiederum zu ihm: Was hat er dir getan? Wie tat er deine Augen auf? Aber er antwortete ihnen: Ich habe es euch jetzt gesagt; habt ihr's nicht gehört? Warum wollt ihr es nochmals hören? Wollt ihr etwa auch Seine Jünger werden?"

Dies war in der Tat ein höchst ungewöhnlicher Mensch – ein junger Bekehrter in Jerusalem, noch nicht einen Tag alt, der

versuchte, Menschen zu bekehren

unter diesen Pharisäern – Männern, die seit nahezu drei Jahren gegen Christus kämpften! Er fragte sie, ob sie auch Seine Jünger werden wollten. Er war bereit, allen, die es hören wollten, sein Erlebnis zu erzählen. Wenn er es anfangs geheimgehalten und nicht sofort offen bekannt hätte, so würde er das Vorrecht des Zeugnisablegens in dieser Weise nicht gehabt haben, noch wäre er ein Seelengewinner gewesen. So aber stand er im Begriff, einer zu werden.

Ich wage zu sagen, er wurde einer der besten Arbeiter in Jerusalem, und ich hege keinen Zweifel, daß er am Tage der Pfingsten nach vorn kam, als Petrus predigte und als die Kranken um ihn waren. Er ging an die Arbeit und verkündete, wie der Herr ihn gesegnet hatte und wie Er sie segnen würde.

Er war *kein Müßiggänger,* sondern *ein Arbeiter,* der seinen Mund zur rechten Zeit aufzumachen verstand.

Es ist eine sehr traurige Sache, daß so viele von Gottes Kindern stumm sind. Und doch ist es so. Irdische Eltern würden es sicherlich als ein großes Unglück betrachten, wenn ihre Kinder stumm auf die Welt kämen. Sie würden darüber trauern und weinen, und es wäre durchaus verständlich. Haben wir uns aber schon einmal vergegenwärtigt, wieviel stumme Kinder Gott hat? Die Kirchen und Gemeinden sind voll von ihnen. Sie sprechen nie für Christus – oder ganz selten. Sie können sehr beflissen über Politik, Kunst und Wissenschaft sprechen, sie können leicht und mühelos über die derzeitige Lebensweise und Mode reden, aber sie haben

keine Stimme für den Sohn Gottes.

Lieber Freund, wenn Er dein Heiland ist, bekenne Ihn. Jeder Nachfolger Jesu sollte für Ihn Zeugnis ablegen. Wie viele Gelegenheiten hat jeder einzelne von uns, ein Wort für Jesus Christus zu sprechen! Wie viele Gelegenheiten ergeben sich täglich, in denen jeder Christ seine „gelegene und ungelegene Zeit" haben mag! Nutzen wir sie, so empfangen wir Segen für uns selbst und werden auch anderen ein Werkzeug des Segens.

Dieser Mensch wollte Bekehrte aus jenen Pharisäern machen, die noch kurze Zeit vorher die Hände voll Steine hatten, bereit, den Sohn Gottes zu töten, und die auch jetzt Mord in ihren Herzen hatten. Sie schmähten ihn und sagten: „Du bist sein Jünger; wir aber sind Moses Jünger. Wir wissen, daß Gott zu Mose geredet hat; von diesem aber wissen wir nicht, woher er ist."

Nun hätte sich der ehedem Blinde endgültig sagen können: „Sieh mal her, da herrscht ja eine ganze Menge Opposition. Es ist besser, ich halte von jetzt an den Mund. Ich will lieber ruhig sein und mich unauffällig davonmachen."

Doch nein, Gott sei Dank, er stand geradewegs auf mit dem Mut eines Paulus! Er antwortete ihnen freiheraus: „Es ist doch sehr verwunderlich, daß ihr nicht wißt, woher Er ist, und Er hat doch meine Augen aufgetan. Wir wissen aber, daß Gott die Sünder nicht hört, sondern wenn jemand gottesfürchtig ist und Seinen Willen tut, den hört Er."

Das nenne ich Logik. Er hätte keine bessere Antwort geben können! Es ist gesunde Lehre und war eine gute Predigt für jene, die dem Werk Christi entgegen standen.

Er fuhr fort: „Wenn dieser Mensch nicht von Gott wäre, könnte Er nichts tun." – Dies ist ein sehr klarer Beweis von der Überzeugung dieses Mannes davon, wer der Herr Jesus ist. Es ist dasselbe, als wenn er sagte: „Ich, der ich von Geburt an blind gewesen bin, mich hat Er sehend gemacht – und da soll Er ein *Sünder* sein!" Wahrhaftig, das ist gegen die Vernunft! Wenn Jesus Christus nur Mensch gewesen wäre, wie hätte Er dann jenem Manne das Augenlicht schenken können?

Sollen doch Philosophen, Zweifler und Ungläubige einmal diese Frage beantworten!

Natürlich hatte er es nicht nötig, eine Brille zu tragen. Er hatte ein vollkommen normales Sehvermögen erhalten. Sie konnten ihn alle betrachten und es selbst sehen. Sein Zeugnis stand außerhalb jeder Diskussion.

Nach diesem großartigen Bekenntnis von der Gottheit und Macht Christi „antworteten und sprachen sie zu ihm: Du bist ganz in Sünden geboren, und du lehrst uns? Und sie warfen ihn hinaus". Sie vermochten nicht, seiner Beweisführung zu begegnen, und so schlossen sie ihn aus. So ist es auch heute. Wenn wir ein klares Zeugnis für Christus ablegen, wird die Welt uns ausschließen.

Laßt uns sehen, was dann geschah, als sie ihn ausgeschlossen hatten. *„Jesus hörte"*, das ist das nächste. Sie hatten ihn kaum hinausgeworfen, als der Herr auch schon davon hörte. Noch nie ist jemand um Jesu Christi willen von der Welt verstoßen worden, ohne daß Er davon gehört hat. Ja, in der Tat, Er wird der erste sein, der es erfährt. „Jesus hörte, daß sie ihn hinausgeworfen hatten; und als Er ihn fand, sprach Er zu ihm: Glaubst du an den Sohn Gottes? Er antwortete und sprach: Herr, wer ist es, auf daß ich an Ihn glaube? Jesus sprach zu ihm: Du hast Ihn gesehen, und der mit dir redet, der ist es. Er aber sprach: Ich glaube, Herr; und er warf sich vor Ihm nieder."

Das ist ein guter Platz, wo wir den sehend gewordenen und mutigen Zeugen verlassen können:

zu den Füßen Jesu.

Sein Zeugnis ist alle diese neunzehnhundert Jahre gehört worden. Es ist darüber gesprochen worden, wo immer das Wort Gottes bekannt wurde. Es war ein wunderbares Tagewerk, das jener Mann für den Sohn Gottes tat. Zweifellos wird es in der Ewigkeit viele geben, die Gott danken werden für sein Bekenntnis von Christus.

Dadurch, daß er so seine Dankbarkeit zeigte, indem er hervorkam und Christus bekannte, hat er einen Bericht hinterlassen, der die Gemeinde Jesu Christi seitdem angerührt und ihr Impulse gegeben hat. Er ist einer jener Glaubenden, die einen stets anspornen, sooft man von ihnen liest, weil sie immer aufs neue Leben und Begeisterung mitteilen, neu Kühnheit und Mut vermitteln.

Das ist es, was wir heute wie zu aller Zeit so nötig haben: *aufzustehen für den Sohn Gottes.* Mögen die Pharisäer gegen uns wüten – mag die Welt weiter spotten und hohnlächeln: wir wollen mutig aufstehen für Jesus Christus. *Wenn sie uns ausstoßen, werden sie uns geradewegs an Sein Herz befördern.* Er wird uns in Seine liebenden Arme schließen. Es ist eine glückselige Sache, wenn wir so gottesfürchtig in Christo Jesu leben, daß die Welt uns nicht haben will und uns ausschließt.

Was ist mit dem Ratsherrn Joseph von Arimathia?

Dieser ist zwar nicht ebenso freimütig für Christus aufgetreten wie jener ehemals blinde Bettler, aber er ist immerhin hervorgekommen, und wir wollen Gott dafür danken. Wir lesen im Johannes-Evangelium, daß er aus Angst vor den Juden vom öffentlichen Bekennen zurückgehalten worden ist.

„Nach diesem aber bat Joseph von Arimathia, der ein Jünger Jesu war, aber *aus Furcht vor den Juden* ein verborgener, den Pilatus, daß er den Leib Jesu abnehmen dürfe. Und Pilatus erlaubte es. Er kam nun und nahm den Leib Jesu ab" Johannes 19, 38.

Lies die vier Berichte, die in den vier Evangelien über Joseph von Arimathia mitgeteilt sind. Viele Ereignisse sind allerdings jeweilen nicht von allen vier Evangelisten erwähnt. Wenn zum Beispiel Matthäus und Markus auf ein Geschehnis verweisen, wird es oft von Lukas und Johannes übergangen, und wenn es bei den letzteren vorkommt, kann es sein, daß es in den ersteren Evangelien nicht enthalten ist. Das Evangelium des Johannes setzt sich aus dem zusammen, was in den anderen in den meisten Fällen fehlt, wie es ja auch auf das angeführte Beispiel von dem Blinden zutrifft. Doch alle vier Evangelisten berichten, was Joseph von Arimathia für Christus getan hat. Seine Jünger hatten Ihn alle verlassen. Einer hatte Ihn verkauft, und ein anderer hatte Ihn verleugnet. Er war allein gelassen in Dunkel und Düsternis, als Joseph von Arimathia hervortrat und sich zu Ihm bekannte.

Es war der Tod Jesu Christi, der Joseph von Arimathia hervortreten ließ. Wahrscheinlich war er einer aus der Zahl derer, die beim Kreuz standen, als der Hauptmann sich an die Brust schlug und ausrief: „Wahrhaftig, dieser war Gottes Sohn!", und zweifellos wurde er, wenn er wirklich dabei war, zu derselben Zeit noch endgültig überzeugt. Er war schon vorher ein Jünger, denn wir lesen, daß er in der Nacht der

Verurteilung seine Einwilligung zum Tod Christi nicht gab (Lukas 23, 50.51). Es hat sicher bei diesem Anlaß einige Überraschung in der Ratsversammlung hervorgerufen, als Joseph von Arimathia, ein reicher Mann, aufstand und sagte: „Ich werde nie mein Einverständnis dazu geben." Unter diesen siebzig Männern waren es nur zwei, die den Mut hatten, für Jesus Christus aufzustehen: Joseph von Arimathia und Nikodemus.

Allerdings trat Joseph nicht hervor, um zu sagen, daß er ein Jünger sei – denn wir finden kein Wort darüber gesagt, daß er einer war, bis nach der Kreuzigung. – Ich fürchte, es gibt

heute viele, die ihm darin gleichen:

Menschen, oft gerade auch in hohen Stellungen, die nur heimliche Jünger sind.

Joseph war ein reicher und ehrbarer Ratsherr, ein guter und gerechter Mann, der eine bedeutende Position bei der Regierung innehatte. Er war außerdem mildtätig und gottesfürchtig. Was sollte er noch mehr brauchen? Nun, Gott begehrt etwas mehr als Josephs gerechtes Leben und hohe Stellung. Jemand mag all das vorzuweisen haben, was Joseph getan hat, und dennoch ohne Christus sein.

Doch es kam zu *einem Wendepunkt* in seiner Lebensgeschichte. Und wenn er jemals Farbe bekennen sollte, dann war *jetzt* der Augenblick dazu gekommen. Ich achte es als eine der erhabensten, vornehmsten Taten, die je ein Mensch unternommen hat: für Christus einzutreten, als – menschlich gesprochen – nichts vorhanden zu sein schien, was Christus ihm geben konnte.

Joseph hatte keine Hoffnung bezüglich der Auferstehung. Wie es scheint, hat keiner der Jünger verstanden, daß ihr Herr auferstehen würde. Sogar Petrus, Jakobus und Johannes, ebenso wie die übrigen, hatten Mühe zu glauben, daß Er auferstanden war, als Er ihnen erschien. Sie hatten ja erwartet, daß Er

Sein Reich aufrichten würde. Indessen hatte Er kein Szepter in Seiner Hand, und soweit sie erkennen konnten, stand kein Reich in Aussicht. Ja, in Wirklichkeit hing Er tot am Kreuz, die Hände und Füße mit Nägeln durchbohrt. Dort hing Er, bis Ihn Sein Geist verließ. Das, was Ihm Seine Hoheit verliehen, was Ihn so herrlich und erhaben gemacht hatte, hatte nun den Leib verlassen.

Joseph hätte sich sagen können: „Es kommt nichts dabei heraus, wenn ich jetzt noch für Ihn eintrete. Ich würde wahrscheinlich meine Stellung dadurch einbüßen, sowohl in der Gesellschaft als in der Ratsversammlung, und außerdem meinen Einfluß verlieren. Ich bleibe besser, wo ich bin."

Es stand absolut nichts in Aussicht, das ihn – menschlich gesprochen – hätte veranlassen können, für Ihn hervorzutreten. Und doch wird uns bei Markus berichtet, daß er kühn zu Pilatus in den Gerichtssaal hineinging und um den Leib Jesu bat. Ich halte es für eine der

ehrfurchtgebietendsten, vornehmsten Handlungen,

die irgendein Mensch jemals getan hat. In jener Finsternis und Bedrängnis, da Seine Jünger Ihn alle verlassen hatten, Judas Ihn für dreißig Silberstücke verkauft und der Hauptapostel Petrus Ihn mit einem Fluch verleugnet hatte, indem er schwor, daß er Ihn nie gekannt habe; als die Hohenpriester Ihn der Gotteslästerung beschuldigt hatten und die Ratsversammlung Ihn zum Tode verurteilt hatte und als ein Gespött – gleichsam ein Auspfeifen – durch ganz Jerusalem zum Himmel aufstieg, *da ging Joseph geradewegs gegen den Strom an* und bat – entgegen dem Einfluß aller seiner Freunde – um den Leib Jesu.

Glückselige Tat! Zweifellos machte er sich Vorwürfe, daß er nicht mutiger in seiner Verteidigung Christi gewesen war, als Er verhört und bevor Er zum Kreuzestod verurteilt wurde.

Die Schrift sagt, daß er ein gerechter Mann gewesen ist,

ein ehrbarer Ratsherr, ein reicher Mann, und dennoch wird uns nur dieses eine berichtet: diese eine Tat des Bittens um den Leib Jesu. Aber ich sage dir, daß das, was er für den Sohn Gottes getan hat, aus lauter Liebe zu Ihm, auf ewig fortdauern wird. Diese eine Tat erhebt sich über alles andere, was Joseph von Arimathia sonst noch getan haben mag. Er mag etwa große Summen für verschiedene Institutionen gestiftet haben, er mag wohltätig gewesen sein gegen die Armen und den Bedürftigen auf mannigfache Weise geholfen haben; dennoch war diese eine Tat für Jesus Christus an jenem denkwürdigen, jenem finsteren Nachmittag eine der ehrfurchtgebietendsten, die ein Mensch je getan hat. Er muß ein Mann von großem Einfluß gewesen sein, sonst hätte Pilatus ihm den Leichnam nicht überlassen.

Und nun erblicken wir noch einen weiteren geheimen Jünger: Nikodemus. Nikodemus und Joseph gehen zum Kreuz. Joseph ist zuerst dort, und während er auf Nikodemus' Ankunft wartet, schaut er den Berg hinab, und ich kann mir seine Freude vorstellen, als er seinen Freund dort mit der Salbe für den Leichnam kommen sieht.

Wenngleich Jesus Christus so ein einfaches, bescheidenes Leben geführt hatte: Er sollte wie ein König gesalbt und begraben werden. Gott hatte das Herz dieser beiden Männer berührt – sie zogen die Nägel heraus und nahmen den Leib ab. Sie wuschen das Blut von den Wunden am Rücken, die von der Geißel herrührten. Sie reinigten die von der Dornenkrone verursachten Wunden an Seinem Haupt; dann nahmen sie die leblose Gestalt, wuschen sie rein und wickelten sie in feine Leinwand, und Joseph legte Ihn in seine eigene Gruft.

Als alles trostlos und verworren aussah, als Seine Sache verloren und die Hoffnung der an Jesus Glaubenden begraben schien, da trat Joseph entschlossen für den Einen ein, von dem es heißt, daß Er „verachtet und verlassen von den Menschen" war. Es war die größte Tat seines Lebens.

Und, mein Leser, wenn du bei dem Herrn Jesus Christus

in der Herrlichkeit zu stehen wünschest, wenn du die Kraft Gottes verliehen haben möchtest für den Dienst hier unten, dann darfst du nicht zaudern, kühn und mutig deinen Stand einzunehmen für den verachtetsten von allen Menschen: den Menschen Christus Jesus.

Seine Sache erfreut sich keiner Beliebtheit. Doch wenn du die Segnungen des Himmels für deine Seele begehrst und das „Wohlgetan, du guter und getreuer Knecht" zu hören wünschest, dann nimm sogleich deinen Stand für Ihn ein, was immer auch deine Stellung sein mag oder wie sehr sich deine Freunde gegen dich stellen mögen.

Triff deine Entscheidung für Jesus Christus, den zwar gekreuzigten, aber auferstandenen Heiland. Geh aus dem Lager hinaus und trage Seine Schmach. Nimm dein Kreuz auf und folge Ihm; bald wirst du es niederlegen und dafür die Krone eintauschen, um sie auf ewig zu tragen.

Ich erinnere mich an einige Versammlungen, die in einer Gegend gehalten wurden, wo es gar nicht vorwärtsgehen wollte und wo schwerwiegende und schmähliche Dinge über die Arbeit gesagt wurden. Aber dann stand eines Tages einer der bekanntesten Männer des Ortes auf und sagte: „Ich möchte bekanntmachen, daß ich ein Jünger Jesu Christi bin, und wenn da irgendein Vorwurf ist, der gegen Seine Sache erhoben wird, bin ich bereit, meinen Teil daran zu übernehmen."

Es ging wie ein frischer Wind durch die Versammlung, und nicht nur er selbst, sondern auch die Seelen anderer wurden gesegnet. – Verlaß dich drauf, es gibt

keine Krone ohne ein Kreuz.

Wir müssen unsere geziemende Stellung einnehmen, so wie Joseph es getan hat. Es kostete ihn etwas, sein Kreuz aufzunehmen. Ich zweifle nicht daran, daß sie ihn sowohl aus der Ratsversammlung ausschlossen als auch aus der Synagoge. Er verlor seine Stellung und vielleicht auch seinen Reichtum und wurde – gleich anderen treuen Nachfolgern Christi – von da an ein verachteter und unbeliebter Mann.

Der Blinde hätte nicht tun können, was Joseph tat. Manche Menschen können tun, was andere nicht können. Gott wird uns für unseren *eigenen Einflußbereich* als verantwortlich ansehen. Tue darum jeder von uns das, was er kann.

Sieh dabei nicht auf andere! Das Verhalten der übrigen Nachfolger des Herrn damals war alles andere als hilfreich für diejenigen, die, wie Joseph, nur wenig Mut hatten, hervorzutreten und an des Herrn Seite zu stehen – und doch ließ er sich dadurch nicht abhalten, seinen Platz einzunehmen.

Was es uns auch immer kosten mag, laßt uns treue Christen sein und einen festen Stand einnehmen. Es ist wie der Staub auf der Waage, verglichen mit dem, was Gott für uns bereithält. Wir können es uns leisten, *eine kleine Zeit mit Ihm zu leiden*, wenn wir im Begriff stehen, *auf ewig mit Ihm zu herrschen.*

Wir können es uns leisten, das Kreuz aufzunehmen und Ihm zu folgen, von der Welt verachtet und verlassen zu sein – mit solch einer wunderbaren Aussicht vor uns. Wenn es die Herrlichkeiten des Himmels wirklich gibt, und das wissen wir felsenfest, so wird es zu Seinem Ruhme und zu unserem Gewinn gereichen, jetzt an Seiner Verwerfung teilzuhaben.

Mögen wir uns vom Herrn vor Stillstand bewahren lassen, und möchten wir, wenn auf der Waage dargewogen, *nicht zu leicht* erfunden werden! Möge Gott jedem Leser helfen, alles zu tun, was der arme, blinde Bettler, und alles, was Joseph von Arimathia getan haben!

Laßt uns Ihn bekennen *zu jeder Zeit und an allen Orten.* Zeigen wir unseren Freunden doch, daß wir ganz und gar auf Seiner Seite stehen! Jeder hat einen Kreis von Menschen, wo er Einfluß ausüben kann, und Gott wird uns als verantwortlich ansehen für den Einfluß, den wir besitzen. Joseph von Arimathia und der Blinde hatten jeder einen Wirkungskreis, in dem ihr Einfluß mächtig war. Ich kann Menschen ansprechen, die andere nicht erreichen können, und sie wiederum können eine Schicht erreichen, mit denen ich nicht in Berührung komme.

Es ist nur für eine kurze Zeit, daß wir Ihn bekennen und für Ihn wirken können. Es ist nur für einige wenige Monate oder Jahre, dann werden die ewigen Zeitalter weiter dahinrollen, und groß wird unser Lohn sein am Krönungstage, der da kommt. Wir werden dann den Meister zu uns sagen hören: *„Wohlgetan, du guter und getreuer Knecht, gehe ein in die Freude deines Herrn."*

Oh, mögen wir doch alle einst dieses so überaus herrliche Wort vernehmen können!

GERETTET AM RANDE DER HÖLLE

Der bußfertige Räuber

Es sollte uns allen eine ganze Menge Hoffnung und Trost geben, daß Jesus noch eben, bevor Er in den Himmel zurückgekehrt ist, einen Menschen wie den bußfertigen Räuber errettet hat. Jeder, der sein Leben noch nicht Christus übergeben hat, sollte sich für den Fall dieses Räubers interessieren und zu erfahren suchen, wie jener sich bekehrt hat.

Ebenso sollte jeder, der nicht an Augenblicksbekehrungen glaubt, in diesen Fall Einblick nehmen. Wenn Bekehrungen nur allmählich und stufenweise vor sich gehen könnten, wenn es etwa sechs Monate oder sechs Wochen oder auch nur Tage brauchte, bis ein Mensch bekehrt ist, so hätte dieser Räuber keine Chance gehabt. Wenn jemand, der ein gutes und rechtschaffenes Leben gelebt hat, sich nicht augenblicklich bekehren können soll, wieviel weniger Aussicht würde dann für diesen Räuber bestanden haben!

Schlage das 23. Kapitel von Lukas auf und lies nach, wie der Herr sich seiner annahm. Er war ein Räuber, und sicher einer von der schlimmsten Sorte, denn sonst hätte man ihn kaum zum Kreuzestod verurteilt. Nichtsdestoweniger errettete ihn Christus nicht nur augenblicklich, sondern Er nahm ihn zu sich in die Herrlichkeit.

Laßt uns Christus anschauen, wie Er dort zwischen den beiden Übeltätern am Kreuz hing. Die Schriftgelehrten und Pharisäer spotteten über Ihn. Seine Jünger waren geflohen. Nur Seine Mutter und eine oder zwei andere Frauen blieben in Sichtweite, um Ihn inmitten Seiner Feinde durch ihre Gegenwart zu trösten. – Höre, wie diese gehässigen Pharisäer Ihn untereinander verhöhnten: „Andere hat er gerettet; sich selbst kann er nicht retten." Der Bericht (Matthäus 27, 38-44) sagt weiter aus, daß auch die beiden Räuber Ihn

schmähten.

Das erste, was wir von diesem Mann also lesen, ist, daß er ein Mensch war, der Christus beschimpfte.

Man sollte denken, daß er zu einer Zeit wie dieser etwas anderes zu tun gehabt hätte. Aber wir sehen ihn, während er dort am Kreuz in der Marter hängt und es schon feststeht, daß er in wenigen Stunden tot sein wird, wie er Gottes eingeborenen Sohn verhöhnt. Wahrlich, tiefer kann er nicht mehr sinken, es sei denn, er sinke in die Hölle selbst!

Unter Selbstanklage!

Das nächste Mal, wo wir von ihm hören, scheint er sich seines Unrechts bewußt geworden zu sein, denn er klagt sich selbst an. Wir lesen in Lukas 23, 39-41:

„Einer der gehenkten Übeltäter lästerte Ihn und sagte: Bist du nicht der Christus? Rette dich selbst und uns! Der andere aber antwortete und strafte ihn und sprach: Auch du fürchtest Gott nicht, da du in demselben Gericht bist? Und wir zwar mit Recht, denn wir empfangen, was unsere Taten wert sind; dieser aber hat nichts Ungeziemendes getan."

Was, meinst du, hat in diesem Menschen eine solch große Veränderung in den wenigen Stunden bewirkt, daß er seine Schuld erkennt und zugibt – ja, noch mehr als das?

Christus hatte keine Predigt gehalten, hatte ihm keine Ermahnung erteilt. Die Finsternis war noch nicht hereingebrochen, und die Erde hatte sich noch nicht aufgetan. Das Todesgeschehen nahm ungehindert seinen Fortgang. Die Menge war noch dort – spottend und zähneknirschend.

Dennoch bekennt dieser Mann, der am Morgen noch Christus verhöhnt hat, jetzt seine Schuld und weist den anderen zurecht: „Wir zwar mit Recht!" Und das, obwohl kein Wunder vor seinen Augen gewirkt wurde und kein Engel vom Himmel herniedergestiegen war, um die Dornenkrone auf Christi Haupt mit einer funkelnden, wirklichen Krone zu vertauschen.

Was war es also, das eine solche Veränderung in ihm hervorgerufen hatte?

Ich will es dir sagen, was es meiner Ansicht nach war: es war das Gebet des Erlösers: *„Vater, vergib ihnen, denn sie wissen nicht, was sie tun."* – Es ist mir, als hörte ich den Räuber danach

laut überlegen:

„Was für ein seltsamer Mann ist das! Er gibt sich für den König der Juden aus, und die Überschrift am Kreuz sagt dasselbe. Aber was für eine Art Thron mag das sein? Er sagt, Er sei der Sohn Gottes. Warum aber sendet Gott dann nicht Seine Engel herab und vertilgt alle diese Menschen, die Seinen Sohn zu Tode martern? Wenn dieser Mann alle Macht besitzt, wie Er zu haben pflegte, als Er jene Wunder getan hat, von denen sie reden, warum rächt Er sich dann nicht, indem Er alle diese Kerle vom Erdboden hinwegfegt und sie vernichtet? Ich würde keine Minute zögern, wenn ich die Macht hätte. Ich würde nicht einen von ihnen verschonen. Ich schlösse die Erde auf und ließe sie alle verschlingen. Dieser Mensch aber bittet Gott, Er möge ihnen vergeben! Merkwürdig, merkwürdig! Er *muß* anders sein als wir. Es tut mir leid, daß ich den Mund aufgetan und etwas gegen Ihn gesagt habe, als man uns hier aufgehängt hat.

Was für ein Unterschied ist doch zwischen Ihm und mir", so denkt er weiter. „Das einzige, was wir gemeinsam haben, ist, daß wir jeder an einem Kreuz hängen; das ganze vorherige Leben aber sind wir so weit voneinander entfernt gewesen, wie es nur irgend möglich ist: ich habe geraubt und gemordet, Er dagegen hat die Hungernden gespeist, die Kranken geheilt, Tote auferweckt. Und nun beschimpfen diese Leute uns beide! Ich fange an zu glauben, daß Er der Sohn Gottes sein muß, denn ganz gewiß kann kein gewöhnlicher Mensch seinen Feinden vergeben wie dieser."

Ja, das Gebet Christi bewirkte, was die Geißel nicht vermocht hatte. Er war zuvor durch das Verhör gegangen, er war geschlagen worden und ans Kreuz genagelt – aber sein Herz war nicht bezwungen worden, kein Schrei war da aus seinem Innern zu Gott emporgestiegen, und die Betrübnis über seine Sünden war ihm noch fremd. Doch als er den Erlöser für Seine Mörder beten hörte: das

brach ihm das Herz.

Mit einemmal blitzte der Gedanke in dieses Räubers Seele auf, daß Jesus der Sohn Gottes sei, und in diesem Augenblick rügte er seinen Genossen und sagte zu ihm: „Fürchtest du Gott nicht?"

Die Furcht Gottes war auf ihn gefallen. Es gibt nicht viel Hoffnung für einen Menschen, dem die Furcht Gottes fremd ist. Salomo sagt: *„Die Furcht Gottes ist der Weisheit Anfang."*

Wir lesen in der Apostelgeschichte, daß große Furcht auf die Menschen fiel; das war die Furcht des Herrn. Es war auch hier das erste Zeichen, daß das Bewußtsein der Schuld in die Seele des Räubers eingekehrt war. „Fürchtest du Gott nicht?" Das war das erste Zeichen des keimenden Lebens.

Bekennen!

Als nächstes bekennt er seine Sünden: „Wir zwar mit Recht." Er nimmt seinen Platz unter den Sündern ein und versucht nicht, sich zu rechtfertigen.

Jemand mag sehr betrübt über seine Sünden sein, *wenn er sie aber nicht bekennt, hat er keine Verheißung, daß sie ver-*

geben werden. – Kain fühlte sich elend genug wegen seiner Sünden, aber er bekannte sie nicht. – Saul, zitternd und zagend, nimmt seine Zuflucht zur Wahrsagerin von Endor statt zum Herrn. – Judas fühlte sich so schlecht wegen des Verrates an seinem Meister, daß er hinausging und sich erhängte: er hatte sich Gott nicht geoffenbart. Wohl ist es wahr, daß er zu den Priestern ging und ihnen bekannte: „Ich habe gesündigt, indem ich schuldloses Blut überliefert habe", doch es half nichts, ihnen dies zu bekennen, denn sie konnten ihm nicht vergeben.

Wie ganz anders ist der Fall dieses bußfertigen Räubers! *Er gestand und bekannte seine Sünde, und Christus erbarmte sich seiner schon im gleichen Augenblick.*

Das große Leidwesen ist, daß die Menschen immer versuchen, sich vorzumachen, sie seien keine Sünder und hätten nichts zu bekennen. So besteht keine Aussicht, sie mit dem Evangelium zu erreichen. Es gibt keine Hoffnung für einen Menschen, der die Arme verschränkt und sagt: „Ich glaube nicht, daß Gott die Sünde bestraft; ich nehme das Risiko auf mich." Es gibt keine Hoffnung für einen Menschen, solange er nicht einsieht, daß er wegen seiner Sünden unter dem gerechten Verdammungsurteil Gottes steht. Gott vergibt nie einem Sünder, bevor er nicht bekennt.

Christus rechtfertigend!

Das nächste, was nun jener Räuber tut, ist, daß er Jesus Christus rechtfertigt, indem er sagt: „Dieser Mensch hat nichts Ungeziemendes getan."

Wenn die Menschen gegen Christus sprechen, sind sie noch weit davon entfernt, Christen zu werden. Diesen Räuber aber hören wir sagen: *„Er hat nichts Ungeziemendes getan."* Die Welt verspottet Ihn; aber inmitten dieses Spottens und Höhnens kannst du hören: „Dieser Mensch hat nichts Ungeziemendes getan."

Glaube!

Der nächste Schritt ist Glaube. – Ja, hier kann man fürwahr von Glauben sprechen! Ich denke, dies ist in etwa der ungewöhnlichste Fall von Glauben in der Bibel. Abraham war der Vater der Glaubenden – aber Gott hatte ihn fünfundzwanzig Jahre in Seiner Erziehung. Mose war ein Mann des Glaubens – doch er schaute den brennenden Dornbusch und hatte noch andere Beweise von Gott. Elia hatte Glauben – aber sieh, welch guten Grund er hatte: Gott sorgte für ihn und ernährte ihn in der Zeit der Not.

Hier dagegen haben wir einen Mann, der vielleicht nie ein derart außerordentliches Wunder erblickte, der sein Leben inmitten von Kriminellen verbracht hatte, dessen Freunde Diebe und Gesetzlose waren und der nun seiner Todesstunde entgegensah angesichts einer Menge, die den Sohn Gottes schmähte und verwarf. Selbst Seine Jünger, die Seine wunderbaren Worte gehört hatten und Zeugen Seiner mächtigen Taten gewesen waren, hatten Ihn verlassen; und vielleicht wußte der Räuber das. Petrus hatte Ihn verleugnet mit Schwüren und Fluchen – vielleicht war es dem Räuber zu Ohren gekommen. Judas hatte Ihn verraten. Auch sah er keine funkelnde Krone auf Seiner Stirn, nur die Dornenkrone. Er konnte also nirgends ein Zeichen Seines Reiches erblicken. Wo waren Seine Anhänger?

Und trotz alledem: ans Kreuz genagelt, von Schmerzen gepeinigt, von Ängsten durchjagt, die Seele in einem Sturm von sich widersprechenden Empfindungen – brachte es diese arme Kreatur fertig, sich an Christus anzuklammern, Ihn zu ergreifen und Ihm hinsichtlich seiner Errettung zu vertrauen. *Der Glaube dieses Räubers, wie er da aufbricht mitten in der Finsternis, ist in der Tat eines der erstaunlichsten Beispiele von Glauben in der Bibel!*

Als ich noch ein kleiner Junge war, galt ich als ein schlechter ABC-Schütze. Eines Tages sollte der Beste in der Klasse ein Wort buchstabieren, und er konnte es nicht. Kein einziger Kamerad war imstande, es richtig zu buchstabieren. Ich tat es auf gut Glück, und siehe da – es war richtig. Und so rückte ich vom untersten Ende an die Spitze der Klasse. – Ebenso ging der Räuber am Kreuz an Abraham, Mose und Elia vorüber und trat an die Spitze der Klasse. Er sagte zu Jesus Christus: *„Herr, gedenke meiner, wenn Du in Dein Reich kommst!"*

Dank sei Gott für einen solchen Glauben! Wie erquickend muß es für Jesus Christus gewesen sein, einen zu haben, der Ihn als Herrn anerkannte und an Sein Reich glaubte zu jener schweren Stunde!

Wie schlägt das Herz dieses Räubers dem Sohne Gottes entgegen! Wie glücklich wäre er, könnte er auf seine Knie fallen am Fuße des Kreuzes und sein Gebet darbringen! Aber das kann er nicht. Seine Hände und Füße sind fest an das Kreuz genagelt. Doch seine Augen, die Zunge und das Herz haben sie nicht angenagelt. Er kann wenigstens den Kopf drehen und auf den Sohn Gottes hinblicken, und sein brechendes Herz kann in Liebe ausgehen zu dem Einen, der für ihn stirbt – und auch für dich und mich –, und er kann sagen: „Herr, gedenke meiner, wenn Du in Dein Reich kommst."

Welch ein Bekenntnis

war das! Der Räuber nannte Ihn „Herr". – Ein sonderbarer Herr! Mit Nägeln durch Seine Hände und Füße und so ans Kreuz geheftet. Ein seltsamer Thron! Mit Blutstropfen an Seinem Gesicht, die aus den Wunden von der Dornenkrone herabrinnen. Und doch – und gerade deswegen – war Er „der Herr".

Sünder, nenne auch du Ihn jetzt „Herr". (Natürlich schließt die aufrichtig ausgesprochene Bezeichnung „Herr" etwas in sich: die Bereitschaft, deinerseits diesem Herrn *in völligem Gehorsam* zu glauben, zu vertrauen und zu dienen.) Nimm deinen Platz als ein armer, verurteilter Rebell ein und rufe zu Ihm: *„Herr, gedenke meiner!"*

Das ist wahrlich kein langes Gebet, aber es wird genügen. Du brauchst nicht hinzuzufügen: „Wenn Du in Dein Reich kommst", denn Christus ist jetzt zur Rechten des Vaters. Drei Worte – eine Kette von drei goldenen Gliedern, die den Sünder an seinen Herrn binden wird.

Manche Menschen denken, sie müßten sich einer gewissen Gebetsform bedienen, aus einem Gebetbuch vielleicht, wenn sie sich dem Thron der Gnade in angemessener Weise nahen wollten. Aber was sollte jener Räuber etwa mit einem Gebetbuch anfangen, ganz abgesehen davon, daß er mit beiden Händen am Kreuz festgenagelt war? Nimm an, es wäre nötig gewesen, daß irgendein Priester oder Geistlicher für ihn gebetet hätte – was hätte er tun können? Niemand war da, der für ihn beten konnte – und doch sollte er in einigen wenigen Stunden sterben! Er stand außerhalb des Bereichs der Menschenhilfe; aber Gott hat Hilfe auf Einen gelegt, der mächtig ist, und dieser Eine ist nahe bei der Hand. Der Räuber betete aus dem Herzen. Sein Gebet war kurz, aber es brachte den Segen. Es kam zu dem entscheidenden Punkt: „Herr, gedenke meiner, wenn Du in Dein Reich kommst." Er bat den Herrn, ihm zu gewähren – eben dort und in diesem Augenblick –, was er begehrte.

Das beantwortete Gebet.

Nun betrachte die Antwort auf sein Gebet. Er bekommt mehr, als er erbeten hat, genauso wie es jedem ergeht, der im Glauben bittet. Er hat Christus nur gebeten, seiner zu „gedenken", aber Christus antwortet: *„Heute wirst du mit mir im Paradiese sein!"*

Unmittelbarer Segen – Verheißung der Gemeinschaft – ewige Ruhe: dies ist die Art und Weise, wie Christus sein Gebet beantwortet.

Finsternis.

Und nun fällt Finsternis auf das ganze Land. Die Sonne verbirgt sich. Doch schlimmer als alles: der Vater verbirgt Sein Angesicht vor Seinem Sohne. Was sonst ist gemeint mit dem schmerzlichen Aufschrei: „Mein Gott, mein Gott, warum hast Du mich verlassen"?

Ach! Es steht geschrieben: „Verflucht ist jeder, der am Holze hängt." *Jesus wurde zu einem Fluch gemacht für uns.* Gott kann Sünde nicht anschauen, und daher, als Sein eigener Sohn unsere Sünden an Seinem Leibe trug, konnte Gott nicht auf Ihn hinblicken.

Er ertrug die Untreue Seiner Freunde, den Spott Seiner Feinde, die Qual der Kreuzigung und die Vorzeichen des Todes, das alles konnte Er ertragen. Aber als dies eintrat, daß Sein Vater das Angesicht vor Ihm verbergen mußte, da schien es fast zu viel sogar für den Sohn Gottes. Doch auch das ertrug Er für unsere Sünden; und jetzt ist das Angesicht Gottes uns zugewandt, deren Sünden es damals abgewandt haben, *und während Er auf Jesus, den Sündlosen, blickt, sieht Er uns in Ihm.*

Wie muß es da inmitten all dieser Ängste für Christus wohltuend gewesen sein, jenen armen Räuber Ihn bekennen zu hören!

Er hat es gern, wenn Menschen Ihn bekennen. Erinnerst du dich, wie Er die Jünger fragte: „Wer sagen die Menschen, daß ich sei?" Und auf die Antwort: „Johannes der Täufer, und andere: Elias, und wieder andere sagen, du seist einer der alten Propheten", fragte Er wiederum: „Ihr aber, wer sagt ihr, daß ich sei?" Und als Petrus antwortete: *„Du bist der Christus, der Sohn des lebendigen Gottes"*, pries Jesus ihn glückselig um dieses Bekenntnisses willen. – Und nun bekennt Ihn dieser Räuber, bekennt Ihn in der Finsternis. Vielleicht ist es so finster, daß er Ihn nicht mehr sehen kann; doch er weiß es, daß Er neben ihm ist.

Christus wünscht, daß wir Ihn bekennen sowohl im Licht als in der Finsternis, wenn es schwer ist ebenso, wie wenn es leicht ist. Denn Er schämte sich unser nicht, sondern nahm unsere Sünden, unsere Sorgen und Nöte auf sich – bis hin zum Tod.

Wenn eine berühmte Persönlichkeit stirbt, ist man begierig, die letzten Worte und Taten dieses Menschen zu erfahren.

Die letzte Tat des Sohnes Gottes

war, einen Sünder zu erretten. Das war ein Teil der Herrlichkeit Seines Todes. Er begann Seinen Dienst damit, daß Er Sünder errettete, und Er beendete ihn damit, daß Er diesen armen Räuber errettete. „Kann man auch einem Riesen die Beute wegnehmen? oder kann man dem Gerechten seine Gefangenen entreißen? – So aber spricht der Herr: Nun sollen die Gefangenen dem Riesen weggenommen werden, und der Raub soll dem Gewaltigen entrissen werden" Jesaja 49, 24.25. Er zog diesen armen Gefangenen aus dem Rachen des Todes. Er befand sich am Rande der Hölle, und Jesus Christus riß ihn weg.

Zweifellos hatte Satan sich gesagt: „Ich werde die Seele dieses Räubers nun bald kriegen. Sie gehört mir. Sie hat mir ja alle diese Jahre gehört."

Aber in seinen letzten Stunden schrie dieser arme Kerl nach dem Herrn, und Er zerbrach die Fesseln, die seine Seele banden, und setzte ihn in Freiheit. Ja, Er warf ihm sozusagen einen Paß zu, der ihn zum Eintritt in den Himmel berechtigte.

Ich könnte mir vorstellen, daß, als der Kriegsknecht den Speer in des Heilands Seite stieß, die Worte des Propheten Sacharja plötzlich wie mit Flammenschrift in des Räubers Seele aufleuchteten: „Zu der Zeit wird das Haus David und die Bürger zu Jerusalem einen freien, offenen Quell haben wider Sünde und Unreinigkeit" Sacharja 13, 1.

Bei der näheren Betrachtung der Bekehrung dieses Räubers kannst du eindeutig feststellen, daß

die Errettung völlig getrennt und unabhängig von irgendwelchen Werken ist.

Es gibt Leute, die uns weismachen wollen, wir müßten etwas tun, um errettet zu werden. Was hat nun ein solcher, der so etwas glaubt, zur Errettung dieses Räubers zu sagen? Wie hätte der etwas tun können, da er ans Kreuz genagelt war?

Er nahm den Herrn bei Seinem Wort – und glaubte. Es ist mit dem Herzen und nicht mit den Händen oder Füßen, womit der Mensch glaubt. Alles, was nötig ist für einen Menschen, um errettet zu werden, ist, mit seinem Herzen zu glauben.

Dieser Räuber legte ein gutes Zeugnis ab. Selbst wenn er schon seit fünfzig Jahren Christ gewesen wäre, hätte er Christus keinen besseren Dienst tun können als den, den er tat. Er bekannte Ihn vor der Welt, und über neunzehnhundert Jahre ist dieses Bekenntnis verkündet worden.

Schließlich erkennen wir aus der Geschichte dieses am Kreuz das Heil ergreifenden Verbrechers auch, daß

die Errettung getrennt und unabhängig ist von irgendwelchen geistlichen Handlungen
(zum Teil auch Sakramente genannt).

Viele Leute meinen, es sei unmöglich, ins Reich Gottes zu kommen, ohne getauft zu sein. Ich kenne Menschen, die sehr angefochten wurden, weil Angehörige ungetauft starben. Ich möchte nicht, daß du nun denkst, ich rede gegen die biblische Taufe. An ihrem ihr zugewiesenen Platz ist die Taufe natürlich richtig; aber wenn man sie an die Stelle der Erlösung setzt, legt man eine Schlinge auf den Weg. *Man kann nicht Menschen ins Reich Gottes hineintaufen.*

Die letzte Bekehrung, die geschah, bevor Christus starb,

sollte diese Frage für immer klarstellen. Wenn du mir sagst, ein Mensch könne nicht ins Paradies kommen, ohne getauft zu sein, antworte ich dir: Dieser Räuber war nicht getauft. Wenn er gewünscht hätte, getauft zu werden, ich glaube nicht, daß er jemand hätte finden können, der ihn getauft haben würde.

Ich habe Leute gekannt, die kranke Angehörige hatten und die sich den größten Kummer machten, weil sie keinen Geistlichen finden konnten, der zu ihnen ins Haus gekommen wäre, um das Mahl des Herrn zu reichen. Nun, damit ist natürlich nichts gesagt gegen die Anordnung, den Tod des Herrn zu feiern und sich Seines Kommens zu erinnern. Ganz im Gegenteil! Doch laßt mich sagen, *daß dies nicht zur Errettung dient und dafür nicht notwendig ist.*

Ich kann sterben und verloren sein, bevor ich zum Tisch des Herrn kommen könnte; *wenn ich aber zum Herrn selbst komme, bin ich errettet.* Gott sei Dank, die Errettung ist stets in deiner Reichweite, und du brauchst nicht erst auf einen Geistlichen zu warten.

Dieser Räuber hatte vermutlich nie an einem „Sakrament" teilgehabt. Gab es denn überhaupt einen Menschen dort auf jenem Hügel, der ihm geglaubt hätte, daß er errettet war? Würde es heute irgendeine Kirche eilig haben, ihn als Mitglied aufzunehmen? Nun, er brauchte nicht darauf zu warten. In dem Augenblick, als er Leben erbat, gab der Herr es ihm.

Wenn wir durch Christus errettet worden sind, *dann* laßt uns Ihn durch die Taufe bekennen, *dann* laßt uns Sein Gedächtnismahl feiern und tun, was Er sonst noch sagt. Aber laßt uns keine Hemmnisse aus diesen Dingen machen.

Von einer Augenblicksbekehrung spricht man dann, wenn ein Mensch Gott um seine Errettung anruft und sie erhält. Du wirst sie gewiß nicht bekommen, ohne daß du darum rufst und bevor du sie annimmst, wenn Er sie dir anbietet. Wenn du willst, daß Christus deiner gedenkt und dich errettet, so rufe Ihn an.

Zwei Seiten.

Das Kreuz Christi scheidet die ganze Menschheit. Es gibt nur zwei Gruppen von Menschen: solche, die *für Christus* sind, und solche, die *gegen Ihn* sind. Denke an die beiden Räuber: der eine ging von der Seite Christi zum Tode und zur Verdammnis hinab, der andere jedoch zur ewigen Herrlichkeit. Welch ein Gegensatz!

Am Morgen war der Räuber hinausgeführt worden als ein verurteilter Verbrecher – am Abend ist er von seinen Sünden errettet. Am Morgen hat er noch geflucht – am Abend singt er Hallelujas mit einem Chor von Engeln. Am Morgen wurde er von den Menschen verurteilt als untauglich, noch länger auf der Erde zu leben – am Abend ist er als würdig für den Himmel angesehen. Am Morgen ans Kreuz genagelt – am Abend im Paradies Gottes, gekrönt mit einer Krone, die er durch alle Ewigkeit tragen wird. Am Morgen keinen Sinn für Erbarmen – am Abend im Blute des Lammes gewaschen und rein. Am Morgen in der Gesellschaft von Räubern und Ausgestoßenen – am Abend schämt sich Christus nicht, mit ihm die goldenen Straßen der ewigen Stadt entlangzugehen.

Welch beglückender Gedanke: Dieser Räuber, der übrigens wegen seiner eigenen Schuld am Kreuze hing, war

der erste Mensch, der das Paradies betrat,

nachdem der Vorhang des Tempels zerrissen war. Wenn wir einmal für einen kurzen Augenblick dort hinüberschauen und einen Anblick des Thrones erhaschen könnten, würden wir den Vater dort sehen und Jesus Christus zu Seiner Rechten, und nahe dabei erblickten wir jenen ehemaligen Räuber. Ja, er ist jetzt dort, seit mehr als neunzehnhundert Jahren, weil er im Glauben gerufen hat: „Herr, gedenke meiner, wenn Du in Dein Reich kommst."

Wie du weißt, ist Christus kurze Zeit vor dem Räuber gestorben. Ich könnte mir denken, daß Jesus nun schnell nach Hause kommen wollte, um dort einen Platz für seinen neuen Freund bereitzumachen, für die erste Seele aus der Welt, die zu erretten Er den schrecklichen Tod erduldete. Der Herr liebte ihn, weil er Ihn in jener dunklen Stunde bekannt hatte. Ja, es war in der Tat eine dunkle Stunde für viele, die den Heiland schmähten.

Vielleicht hast du einmal die Geschichte von jenem Kind gehört, das nicht sterben und in den Himmel kommen wollte, weil es dachte, daß es dort niemand kennen würde! – Aber unser Räuber hatte einen Bekannten dort! Ich kann mir vorstellen, wie sein Herz heftiger schlug, als man den Speer in des Herrn Seite stieß und er Seinen Schrei hörte: *„Es ist vollbracht!"*

Er begehrte Christus zu folgen. Er hatte es eilig, hinwegzukommen, als sie darangingen, seine eigenen Gebeine zu brechen. Und dann mag der Herr Weisung gegeben haben: „Gabriel, mach deinen Wagen fertig. Beeile dich. Da ist ein Freund von mir, der am Kreuz hängt. Sie brechen soeben seine Gebeine. Er wird bald soweit sein. Beeile dich und bring ihn zu mir."

Und jetzt, so könnte ich es mir ausmalen, schwebte der Engel im Siegeswagen vom Himmel hernieder. Er nahm den Geist jenes bußfertigen Räubers auf und eilte zurück in die Herrlichkeit. Die Tore der Stadt schwangen weit auf, und die Engel jauchzten dem ehemaligen Sünder, der nun errettet und in dem Blute des Lammes weiß gewaschen war, ein lautes Willkommen zu.

Und das, meine Freunde, ist genau das, was Christus für euch tun will. Das ist es, wozu Er vom Himmel herniedergekommen ist. Das ist es, weswegen Er gestorben ist. Und wenn Er diesem armen Räuber am Kreuz eine solch schnelle Errettung gewährt hat, will Er dir gewißlich dasselbe gewähren, wenn du, wie der reuige Dieb, umkehrst, bekennst und dem Heiland vertraust.

Jemand meinte einmal, daß dieser Mann „in der elften Stunde errettet" worden sei. Davon ist mir nichts bekannt. Bei ihm mag es die erste Stunde gewesen sein. Vielleicht wußte er nie etwas von Christus, bis er hingeführt wurde, dort an Seiner Seite zu sterben. Dies mag das allererste Mal gewesen sein, daß er überhaupt eine Gelegenheit hatte, den Sohn Gottes kennenzulernen.

Wie viele von euch haben ihr Herz Christus schon beim allerersten Mal gegeben, da Er es von euch erbeten hat? Oder seid ihr in eurem, dem sicheren Ende zuneigenden Tag vielleicht sogar weiter fortgeschritten als jener Räuber?

Vor etlichen Jahren besuchte in einem der Bergwerksdistrikte Englands ein junger Mann eine unserer Versammlungen und verließ nicht eher seinen Platz, als bis er in Christus Frieden und Ruhe gefunden hatte. Am nächsten Tag fuhr er wieder in den Schacht ein, und die Kohlen brachen auf ihn herunter. Als man ihn herausbrachte, war er zerquetscht und verstümmelt und hatte nur noch zwei oder drei Minuten zu leben. Seine Freunde, die sich um ihn gesammelt hatten, sahen, wie er mühsam die Lippen bewegte. Sie beugten sich über ihn, damit sie ihn verstehen konnten. Was hörten sie?

„Es war gut,
daß ich es gestern abend in Ordnung brachte."

Bring es jetzt in Ordnung, mein Freund, ein für allemal. Beginne jetzt und bekenne Ihm und wo nötig auch vor Menschen deine Sünden, und bitte den Herrn aufrichtig, deiner zu gedenken. Er wird dich zu einem Erben Seines Reiches machen, wenn du das Geschenk der Erlösung annimmst. Er ist noch genau derselbe Heiland, den der Räuber gehabt hat. Willst du nicht zu Ihm um Erbarmen rufen?

„Also hat Gott die Welt geliebt, daß Er Seinen eingeborenen Sohn gab, *auf daß alle, die an Ihn glauben, nicht verlo-*

ren werden, sondern das ewige Leben haben. – Wer an den Sohn glaubt, der hat das ewige Leben. Wer dem Sohn nicht glaubt, der wird das Leben nicht sehen, sondern der Zorn Gottes bleibt über ihm" Johannes 3, 16.36.

„*Wer zu mir kommt, den werde ich nicht hinausstoßen*" Johannes 6, 37.

„Die Schrift spricht: ‚*Wer an Ihn (Jesus Christus) glaubt, wird nicht zuschanden werden.*' – Es ist hier kein Unterschied unter Juden und Griechen; es ist aller zumal ein Herr, reich über alle, die Ihn anrufen. Denn ‚*wer den Namen des Herrn wird anrufen, soll selig werden*'" Römer 10, 11-13.

Wir freuen uns, Ihnen folgende weitere Bücher aus dem Trachsel-Verlag empfehlen zu dürfen:

Christsein in unserer Zeit

E. Modersohn, TELOS-Paperback Nr. 1211. – „Muß man sich bekehren?" – „Ist Bekehrung wirklich eine unerläßliche Notwendigkeit?" – „Arbeiter, Handwerker, Beamte, Ärzte, Diakonissen, Kirchgemeinderäte, Pfarrer – müssen diese alle sich auch bekehren?" – Solche Fragen, die eine für Zeit und Ewigkeit entscheidende Bedeutung haben, finden in diesem Buch klare und unmißverständliche Antworten. Und diese Antworten gründen sich auf das zeitlos gültige, unantastbare Wort des lebendigen Gottes. Deshalb gehört dieses Buch in die Hand all derjenigen, die sich an absolut zuverläßigen Positionslichtern orientieren wollen. – 152 S.

Forsche – und staune!

Chr. Oester, TELOS-Paperback Nr. 1236. – Viele grundlegende biblische Begriffe werden anhand von weit mehr als fünfhundert Bibelstellen klärend, verständlich und durchsichtig gemacht. Damit haben wir hier eine Arbeit, die uns in mehrfacher Hinsicht sehr hilfreich werden kann: – einmal als eine forschend, denkend und fortlaufend zu lesende biblische Lektüre, die uns zum Staunen zu bringen vermag – ferner als wertvolles Nachschlagewerk zu bestimmten Begriffen in ebenfalls bestimmten Situationen des Alltags – und auch als Hilfe für den biblischen Unterricht in Sonntagschule, Jugendunterweisung, ja selbst für den Wortverkündiger in Bibelstunden und Gottesdiensten. – Ein Buch, das auch suchenden Menschen in die Hand gegeben werden kann. – 212 S.

Verlobung, Heirat, Ehepraxis

G. von Viebahn, TELOS-Paperback Nr. 1234. – Dieses Buch ist eine Perle dessen, was Jesus Christus durch Georg von Viebahn Seiner Gemeinde anvertraut hat. Gerade in Verbindung der Gemeinde Jesu Christi werden hier himmlische Zusammenhänge aufgezeigt, welche die Ehe unter gläubigen Christen in einer von vielen ungeahnten Wirklichkeit und Herrlichkeit erstrahlen lassen. Das weitgehende Gebiet der christlichen Familie wird sehr umfaßend von deren Gründung bis ins Alter und bis zum Übertritt in die jenseitige Heimat direkt und praktisch beleuchtet. — Alle jungen Leute sollten dieses Buch lesen, bevor sie sich in irgendeiner Weise mit dem andern Geschlecht verbinden. Es dürfte so für viele entscheidend zu einer späteren segensreichen Ehe beitragen. — Weil sich aber ein wesentlicher Teil dieses Werkes auf die „Praxis der Ehe" bezieht, bringt es auch Eheleuten, die schon allerhand Erfahrung haben, ebenfalls einen echten Gewinn. — Deshalb ein Buch für alle! — 160 S.

Das letzte Buch
Aktuelle Gedanken zum letzten Buch der Bibel,
der Offenbarung Jesu Christi.
E. Trachsel-Pauli, TELOS-Paperback Nr. 1235. — Geheimnisvolle Strichlein auf Warenpackungen! Stehen sie vielleicht in bezug zu Entwicklungen, die in der Offenbarung angekündigt sind? — Wenn das letzte Buch der Bibel jemals entscheidend aktuell ist, dann heute! Die Offenbarung spricht genau in unsere Situation. Wir tun deshalb gut, wenn wir auf dieses prophetische Wort achten. — Wer in diesem neuen Buch ausschließlich liest, was fettgedruckt ist, wird mit dem vollständigen Text der vom Heiligen Geist inspirierten Offenbarung vertraut. Die dazwischen gegebenen Gedanken möchten bei der Betrachtung des biblischen Wortes eine Hilfe zum besseren Verständnis desselben bieten. — Jedermann wird hier angesprochen, ob er ein wiedergeborener Christ ist oder nicht, ob er die Gewißheit der Errettung hat oder nicht. Auch Leute, die dem echten Christsein gegenüber noch in Distanz stehen oder dasselbe sogar ablehnen, auch diese werden ganz direkt angesprochen. — 272 S.